Veröffentlichung des Geschichts- und Altertumsvereins
für Siegburg und den Rhein-Sieg-Kreis e.V.

herausgegeben durch
Helmut Fischer, Wolfgang Herborn, Andrea Korte-Böger

33

Johann Paul

Das Wort „unmöglich" gibt es nicht
Der Siegkreis in der frühen Nachkriegszeit (1945-1948)

Rheinlandia Verlag

Gedruckt mit Förderung des Rhein-Sieg-Kreises

Rheinlandia Verlag Klaus Walterscheid, Siegburg 2012
www.rheinlandia.de
e-mail: k.walterscheid@rheinlandia.de
Alle Rechte vorbehalten.

www.gav-siegburg.de
e-mail: GAV@siegburg.de
ISBN:
978-3-938535-93-6

Johann Paul

Das Wort „unmöglich" gibt es nicht

Der Siegkreis in der frühen Nachkriegszeit
(1945-1948)

INHALTSVERZEICHNIS

EINLEITUNG	6
DIE LETZTEN MONATE DES ZWEITEN WELTKRIEGS	8
DIE MILITÄRREGIERUNG IM SIEGKREIS	14
WIEDERAUFBAU DES TRANSPORTSYSTEMS	20
VERSORGUNG DER BEVÖLKERUNG	24
NAHRUNGSMITTEL	24
HAUSBRANDKOHLE, GAS UND STROM	29
ÜBRIGE BEDARFSARTIKEL	33
SCHWARZMARKT UND WUCHERPREISE	34
GESUNDHEITSZUSTAND	36
WOHNUNGSMANGEL	40
EVAKUIERTE, FLÜCHTLINGE UND VERTRIEBENE	48
ÜBERLEBENDE DES HOLOCAUST	60
EHEMALIGE FREMDARBEITER UND KRIEGSGEFANGENE	66
ÖFFENTLICHE SICHERHEIT	70
WIEDERAUFNAHME DES SCHULUNTERRICHTS	76
DEMOKRATISIERUNG DER KOMMUNALEN SELBSTVERWALTUNG	80
WIRTSCHAFTLICHE ENTWICKLUNG	94
UMGANG MIT DER NATIONALSOZIALISTISCHEN VERGANGENHEIT	100
ERGEBNISSE	110
ANHANG	
ABKÜRZUNGEN	116
QUELLEN- UND LITERATURVERZEICHNIS	117
ORTSREGISTER	122

Zerstörte Abteikirche St. Michael, 1945

EINLEITUNG

Der erste Verwaltungsbericht des Siegkreises nach dem Zweiten Weltkrieg, den Landrat Josef Clarenz dem Kreistag am 31. Januar 1946 vorlegte, schloss mit folgendem »Rückblick und Ausblick«:

»Das abgelaufene Jahr war wohl das schicksals- und folgenschwerste Jahr in der deutschen Geschichte. Noch nie hat eine Verwaltung unter so schwierigen Bedingungen arbeiten müssen wie im Jahre 1945. Auf der einen Seite Mangel an geschultem Personal, auf der anderen Seite Aufgaben und Probleme, die fast übermenschliche Anstrengungen verlangten. Mit Genugtuung kann festgestellt werden, dass in der verhältnismäßig kurzen Zeit viel geleistet und auch viel erreicht worden ist. [...]«[1]

Der Landrat war sich aber darüber im Klaren, dass die Kreisverwaltung noch »weit größere Aufgaben« erwarteten[2] und an eine Wiederkehr normaler Lebensverhältnisse noch lange nicht zu denken war.

In der nachfolgenden Untersuchung sollen die Bedingungen und Etappen des Neuanfangs und Wiederaufbaus im damaligen Siegkreis in der Zeit vom Beginn der zunächst amerikanischen und bald darauf britischen Besatzungsherrschaft bis zu den zweiten Kommunalwahlen und der Währungsreform im Jahre 1948 eingehend analysiert werden. Weil die schweren Schäden, die sowohl die Alliierten als auch die Wehrmacht in den letzten Monaten des Zweiten Weltkriegs im Siegkreis angerichtet hatten, die Ausgangslage nach Kriegsende in vieler Hinsicht beeinflusst haben, wird die Darstellung mit einem kurzen Überblick über das Kriegsgeschehen der letzten Kriegsphase im Kreisgebiet beginnen. Die sich bis zuletzt an ihre Macht klammernde NS-Diktatur, die im Siegkreis in der ersten Aprilhälfte 1945 durch einmarschierende amerikanische Truppen beseitigt wurde, hatte ein für den heutigen Betrachter unvorstellbares Elend und Chaos hinterlassen. Anders als nach dem Ersten Weltkrieg haben die Besatzungsmächte nach 1945 den Neuaufbau den Deutschen nicht selbst überlassen, sondern ihnen den einzuschlagenden Weg vorgezeichnet und ihr Handeln bis hinunter auf die Kreis- und Gemeindeebene vorgegeben, kontrolliert und notfalls korrigiert, damit stabile demokratische Verhältnisse in Deutschland entstanden und sich das Scheitern der Weimarer Republik mit all seinen fürchterlichen Folgen nicht wiederholte.

Nach Kriegsende standen die für den Siegkreis zuständige Militärregierung wie auch die unter ihrer Aufsicht arbeitenden deutschen Verwaltungen zunächst vor elementaren Herausforderungen, deren halbwegs gerechte Bewältigung Grundvoraussetzung für die Schaffung einer demokratischen Gesellschaftsordnung war. Große Teile der Bevölkerung mussten vor dem Verhungern und Erfrieren im Winter gerettet werden. Um die Versorgung mit Nahrungsmitteln und Brennstoffen wieder in Gang zu bringen, mussten zuvor die schweren Schäden an den Eisenbahnlinien und Straßen wenigstens notdürftig behoben werden.

Zu den vordringlichen Aufgaben der frühen Nachkriegszeit gehörte auch die Linderung der Wohnungsnot, die zum einen durch die

Kriegsschäden am Wohnungsbestand und zum anderen durch die Beschlagnahmung von Wohnungen seitens der Besatzungsarmee und den Zuzug von zahlreichen Evakuierten, Flüchtlingen und Vertriebenen entstanden war. Die Untersuchung wird sich auch ausführlich mit der Frage beschäftigen, in welcher Form die Aufnahme der dem Siegkreis zugewiesenen neuen Einwohner erfolgte und wie diese von den Einheimischen aufgenommen wurden. Die vorübergehende Unterbringung und Versorgung der sich im Kreisgebiet aufhaltenden ehemaligen Zwangsarbeiter und Kriegsgefangenen sowie Überlebenden des Holocaust, die Wiederherstellung der insbesondere durch Raubüberfälle und Diebstähle bedrohten öffentlichen Sicherheit und Ordnung, die Wiederaufnahme des Schulunterrichts und die Entwicklung der Wirtschaft sind weitere Themen, die aufgegriffen werden.

Eingehend werden darüber hinaus die von der Militärregierung im Detail vorgeschriebenen Stationen beim Wiederaufbau der kommunalen Selbstverwaltung nach demokratischen Prinzipien beschrieben – einer Selbstverwaltung, die von den Nationalsozialisten restlos zerstört worden war. Abschließend beschäftigt sich die Studie mit der Frage, ob es in der frühen Nachkriegszeit im Siegkreis bereits Ansätze einer kritischen Auseinandersetzung mit der nationalsozialistischen Vergangenheit gegeben hat.

Die Darstellung beruht in erster Linie auf der Auswertung von Akten des im Archiv des Rhein-Sieg-Kreises vorhandenen Bestandes Siegkreis. In jüngster Zeit sind einige Beiträge erschienen, die den Zweiten Weltkrieg und Beginn der Besatzungszeit in Teilaspekten oder für Teilräume des Kreisgebiets thematisieren.[3] Ihre Ergebnisse sind in die Untersuchung eingeflossen, die eine Lücke schließen möchte, indem sie die soziale, wirtschaftliche und politische Entwicklung in der frühen Nachkriegszeit stärker aus der Perspektive des gesamten Siegkreises betrachtet und dabei einzelne Entwicklungen auf Ortsebene exemplarisch hervorhebt.

Den Mitarbeitern der von mir benutzten Archive danke ich für ihre Unterstützung. Ganz besonders möchte ich mich bei Volker Fuchs vom Archiv des Rhein-Sieg-Kreises bedanken, der mir zahlreiche wertvolle Quellenhinweise gegeben hat. Mein Dank gilt auch dem Geschichts- und Altertumsverein für Siegburg und den Rhein-Sieg-Kreis für die Veröffentlichung der im Herbst 2010 abgeschlossenen Untersuchung.

Ebenso möchte ich dem Rhein-Sieg-Kreis für die finanzielle Förderung der Publikation danken.

Anmerkungen:
1 ARSK SK 59, Bl. 58ff.
2 Ebd.
3 Roggendorf: Letzte Monate, H. Fischer: Kriegsende, Warning: Amerikaner, Klein: Nationalsozialismus, G. Fischer: Vierziger, Linn: Flüchtlinge, Paul: Lage der Evakuierten, Flüchtlinge und Vertriebenen.

DIE LETZTEN MONATE DES ZWEITEN WELTKRIEGS

Ein Vierteljahr nach ihrer Landung in der Normandie überquerten amerikanische Soldaten in der Eifel erstmals die Westgrenze Deutschlands und nahmen am 21. Oktober 1944 Aachen als erste deutsche Stadt ein.[1] Seitdem zeichnete sich auch im Siegkreis der Zusammenbruch des Dritten Reichs immer deutlicher ab. Im Kreisgebiet wurden nun »die Verhältnisse«, wie der Kreisverwaltungsbericht für 1945 vermerkte, »immer schlimmer«. Der Siegkreis wurde nun immer häufiger bombardiert. Die Luftüberlegenheit der Amerikaner und Briten war im Winter 1944/45 »so stark, dass es weder nachts noch tagsüber möglich war, geordnet und planmäßig zu arbeiten«. Außerdem war es »bald nicht mehr möglich, die umfangreichen Gebäudeschäden zu beseitigen, zumal es auch immer mehr an Material und Arbeitskräften fehlte«, hieß es im ersten Kreisverwaltungsbericht der Nachkriegszeit.[2]

Die Kreisstadt Siegburg wurde bei Luftangriffen am 28. Dezember 1944 und 6. März 1945 schwer getroffen.[3] In der Industriegemeinde Troisdorf, die zudem ein wichtiger Bahnknotenpunkt war, richtete ein Luftangriff am 29. Dezember 1944 große Schäden an.[4] Der Ortskern der Gemeinde Eitorf wurde bei Bombenangriffen im Februar und März 1945 weitgehend zerstört.[5] Weil in der letz-

Postamt Siegburg nach dem Luftangriff vom 28. Dezember 1944

ten Kriegsphase der Zugverkehr auf den beiden Haupteisenbahnstrecken durch das Sieg- und Rheintal aufgrund der ständigen Bombardierung und des Beschusses durch amerikanische und britische Flugzeuge »oft tage-, später wochenlang« unterbrochen war, wurde auch die Versorgung der Bevölkerung im Siegkreis mit Lebensmitteln und Kohle immer prekärer.[6]

In der Schlussphase des Zweiten Weltkriegs schwand in der Bevölkerung des Siegkreises zusehends der Glaube an den von den Nationalsozialisten gebetsmühlenartig propagierten »Endsieg«, wie der Siegburger Bürgermeister Dr. Fritz Eickhoff gegenüber dem Landrat Hans Weisheit Ende Februar 1945 eingestand. »Die Rückschläge im Westen und die Rückverlegung der Front im Osten haben die Stimmung in der Bevölkerung nachteilig beeinflusst«, berichtete Eickhoff. Ein Teil der Bevölkerung sei der Meinung,

»dass wir der Übermacht unserer Feinde nicht gewachsen seien. [...] Durch ihre Luftüberlegenheit seien unsere Feinde in der Lage, Operationen unserer Wehrmacht größeren Stils im Keime zu ersticken, unser Transportwesen lahmzulegen, unsere Produktion zu unterbinden und die Bestellung unserer Anbauflächen zu verhindern. [...] Alles in allem glauben diese Kreise nicht mehr an eine siegreiche Beendigung des Krieges mit den Waffen, allenfalls könne eine andere Entwicklung der Verhältnisse in den Feindstaaten eine für uns glücklichere Wende des Krieges bringen.«

Es gab aber auch noch die »volksbewussten und national gesinnten Kreise«. Sie würden, erklärte der Bürgermeister weiter, »trotz aller Rückschläge unerschrocken und unbeirrt

Der Siegburger Bürgermeister Fritz Eickhoff (Bildmitte) bei einer Feier für Ritterkreuzträger im Landratsamt um 1940

an die Sendung des deutschen Volkes und seines Führers glauben und [seien] fest davon überzeugt [...], dass, wenn unser Volk in äußerster Kraftentschlossenheit zusammensteht, der endliche Sieg doch unser sein wird«.[7] Dass die meisten Einwohner des Siegkreises den Krieg für verloren gehalten haben dürften, legt ein Lagebericht aus dem Amt Niederkassel vom 10. Februar 1945 nahe. In ihm hieß es:

»Die Stimmung der Bevölkerung ist im größten Umfang auf einem gewissen Tiefstand angelangt. Hier[an] tragen teilweise auch die von der Westfront zurückgeführten Soldaten Schuld, die ihre eigene Mutlosigkeit in die Bevölkerung hineintragen; hinzukommt, dass die deutsche Front immer mehr zurückweicht, der Luftterror ungehindert wüten kann und die Bevölkerung Tag und Nacht durch Bombenabwürfe und Angriffe der Tiefflieger in der näheren und weiteren Umgebung aufgeschreckt wird. Es ist eine nicht abzuleugnende Tatsache, dass große Kreise der Bevölkerung in allen Schichten an den deutschen Sieg nicht mehr glauben wollen. [...]«[8]

Am 7. März 1945 überquerten die ersten amerikanischen Soldaten auf der unzerstörten Eisenbahnbrücke bei Remagen den Rhein. Am 9. März erreichte ein amerikanischer Kampfverband den Südrand des Siegkreises und besetzte Honnef als ersten Ort im Kreisgebiet.[9] Ein kleiner Teil der amerikanischen Soldaten kämpfte sich von dort bis zur Sieg vor.[10] »Der Feind hat allenthalben von Hennef abwärts die Sieg erreicht und macht Übersetzversuche. Drei dieser Versuche, von denen der heftigste am Aggerdeich [bei Troisdorf] geführt wurde, wurden abgeschlagen«, meldete Kreisrechtsrat Dr. Eduard Bierhoff am 24. März dem Landrat, der sich inzwischen mit einem großen Teil der Kreisverwaltung nach Much zurückgezogen hatte.[11] In Eitorf erreichten die Amerikaner am 27. März die Sieg.[12] An der Sieg kam die Front vorübergehend zum Stillstand, weil die amerikanischen Truppen zunächst nicht weiter nach Norden, sondern über Siegen nach Osten vorrückten, um das Ruhrgebiet weiträumig einzukreisen und rasch nach Mitteldeutschland vorzustoßen.[13]

Ende März trennte die Sieg den südlichen, von den Amerikanern besetzten Teil des Siegkreises vom nördlichen, noch unter nationalsozialistischer Herrschaft stehenden Teil des Kreisgebiets. In dieser Zeit lagen sowohl die Ortschaften nördlich der Sieg als auch die am rechten Rheinufer unter heftigem amerikanischem Artilleriefeuer. In einer Einsatzbesprechung gab NSDAP-Kreisleiter Hermann Thiel am 25. März einen Befehl Hitlers bekannt, »wonach die 5 km Zone entlang der Sieg von Uckerath total geräumt werden soll[t]e«.[14] Zur geplanten Räumung teilte Bierhoff dem Landrat am 29. März mit:

»Die totale Räumung der Räumungsgebiete soll unter allen Umständen durchgeführt werden.

Hotel Herrengarten in Siegburg 1946

Die Stollen am Michaelsberg sind heute bereits geräumt worden. Ab Morgen sind im Räumungsgebiet alle Geschäfte zu schließen. Lebensmittelkarten an die Bevölkerung dürfen nicht mehr ausgegeben werden. Ich habe in der Besprechung [beim Kreisleiter] gefragt, ob sich die angeordnete Räumung angesichts der Entwicklung der militärischen Lage überhaupt durchführen ließe, wurde aber abschlägig beschieden. [...] Da Fahrzeuge für den Rückmarsch der Bevölkerung kaum zur Verfügung gestellt werden können und sich der Rückmarsch in Fußstrecke vollziehen soll, ist bei einem weiteren Vordringen des Feindes damit zu rechnen, dass die Verbindung in die vorgesehenen Aufnahmegebiete abgeschnitten wird und die Bevölkerung obdachlos auf der Straße liegt, da doch kaum anzunehmen ist, dass der Siegkreis und der Oberbergische Kreis alle Menschen aufnehmen können. [...]«[15]

Nicht nur die Kreisstadt, sondern auch die Gemeinden Sieglar und Troisdorf und die Ämter Lauthausen und Lohmar sollten geräumt werden, wie Mitteilungen an die betreffenden Bürgermeister und Amtsbürgermeister vom 29. März zeigen.[16] In einer weiteren Einsatzbesprechung am 31. März wurde der Plan der Zwangsevakuierung wieder aufgegeben. Bierhoff sprach von einer »vorläufige[n] Zurückstellung«, für Kreisleiter Thiel war dagegen »die Evakuierung fallen gelassen worden«. Die Luftschutzstollen am Michaelsberg in Siegburg sollten wieder geöffnet werden. Offenbar scheiterte die Evakuierung am Widerstand der Bevölkerung. Der von den Amerikanern eingesetzte Bürgermeister von Siegburg, Eugen Vogel, erklärte bald nach Kriegsende: »Die Bevölkerung ist der kurz vor dem Einmarsch der amerikanischen Truppen angeordneten Evakuierung nicht nachgekommen. Die wenigen, die Siegburg verlassen haben, sind inzwischen zurückgekehrt.«[17] Dagegen hatte sich die Polizei der Stadt Siegburg in den letzten Kriegstagen »geschlossen abgesetzt«.[18] Auch die Mitarbeiter der Gestapo, des Sicherheitsdienstes der SS und der Kriminalpolizei flohen aus der Kreisstadt »ohne besondere Meldung« mit unbekanntem Ziel, was Kreisrechtsrat Bierhoff »angesichts der Entwicklung in Siegburg besonders bedauerlich« fand.[19] Das Arbeitsamt Siegburg hatte sich »von selbst aufgelöst«.[20] Das Amtsgericht Siegburg verlegte seinen Sitz nach Wahlscheid.[21]

Am 3. April fragte Bierhoff den Landrat fast schon tragikomisch: »Wo befinden sich die Restverwaltungen von Rosbach, Herchen und Eitorf?«[22] Längst war »alles«, wie der kommissarische Bürgermeister von Eitorf, Franz Katzemich, am 26. März – einen Tag vor der Einnahme des Ortes durch amerikanische Truppen – in sein Tagebuch notierte, »in Auflösung begriffen«.[23] Die Gemeindeverwaltung in Eitorf stand nur noch auf dem Papier, es gab auch keine Polizisten mehr, die die Bevölkerung noch zu irgendetwas hätten zwingen können.[24]

Am 9. April begann der Angriff der amerikanischen Streitkräfte auf die Kreisstadt Siegburg. Die damalige Stadtarchivarin Dr. Maria Geimer beschrieb das Geschehen so:

»Der deutsche Widerstand war mittelmäßig, aber die Säuberung von Siegburg und die Besetzung der Klöckner-Werke in Friedrich-Wilhelms-Hütte [...] entwickelten sich zu einer der zähesten Kämpfe im Ruhrkessel. Das [amerikanische] Regiment stürmte durch zwei Drittel von Siegburg während der ersten fünf Stunden des Angriffs. Die Amerikaner kämpften mit Granaten, Maschinenpistolen und Klein-

*feuerwaffen, um den hartnäckigen Widerstand der 3. Volksdivision (Volkssturm) zu brechen. Bis zum Abend war die Stadt im Wesentlichen besetzt. [...].«*²⁵

Auch in Much leisteten deutsche Soldaten und Volkssturmangehörige heftigen Widerstand. »Der Kampf um Much dauerte fast 24 Stunden«, wobei der Ort »durch den Widerstand der deutschen Truppen zum Teil zerstört« wurde. In Much herrschte nach dem Ende der Kampfhandlungen »eine starke Erregung gegen den Ortsgruppenleiter [Leo] Hamecher und andere führende Persönlichkeiten, die für die sinnlose Zerstörung der Brücken, Einäscherung der Gebäude und die nicht kampflose Übergabe von Much verantwortlich« waren.²⁶

Am 13. April 1945 waren die Gefechte im Siegkreis zu Ende.²⁷ »Über fünf Wochen« hatten sich, wie Landrat Clarenz in der Eröffnungssitzung des Kreistags am 31. Januar 1946 in Erinnerung rief, »die schweren Kämpfe im Kreis, hauptsächlich an der Sieg, hingezogen. [...] Ganze Dörfer, wie Eitorf, Uckerath, Eudenbach und so weiter, wurden in Schutt und Asche gelegt.« Die Bombenabwürfe, die Bodengefechte und die vielen Brückensprengungen hatten dazu geführt, dass im Siegkreis »nichts mehr funktionierte« und »auf allen Gebieten des öffentlichen und wirtschaftlichen Lebens [...] von vorne angefangen werden« musste, erklärte Landrat Clarenz im Januar 1946 vor dem Kreistag.²⁸ Auch mehrere Wochen nach Ende der Kämpfe wurden im Kreisgebiet immer noch Soldatenleichen gefunden.²⁹

Die Bevölkerung des Siegkreises stand im Frühjahr 1945 vor den Trümmern der nationalsozialistischen Herrschaft und musste nun aus dem Chaos des Kriegs, den das verbrecherische NS-Regime entfacht und der zuletzt auch im Kreisgebiet schwere Schäden angerichtet hatte, wieder herausfinden.

Amerikanische Soldaten an der Kapelle „Maria zum Frieden" am 9. April 1945 in Siegburg, Ringstraße Ecke Bachstraße

Anmerkungen:

1. Henke: Besetzung, S. 169ff.
2. ARSK SK 59, Bl. 58ff.
3. Geimer/Korte-Böger: Siegburg 1945, S. 237; vgl. auch Korte-Böger: Bomben auf Siegburg.
4. Ebd.; vgl. auch Ossendorf: Bombenhagel.
5. Ersfeld: Kriegschronik, S. 47ff.
6. VB SK 1945, in: ARSK SK 59, Bl. 58ff.
7. Bericht 20.2.1945, in: ARSK LSK 3319, Bl. 19ff.
8. Ebd., Bl. 14. Ämter waren Gemeindeverbände, die für die zugehörigen Gemeinden die Verwaltungsgeschäfte erledigten.
9. VB SK 1945, in: ARSK SK 59, Bl. 58ff. Eine chronologische Übersicht über die Einnahme von Ortschaften im Siegkreis durch amerikanische Truppen im März 1945 gibt Ersfeld: Kriegschronik, S. 136f.; vgl. auch Klein: Nationalsozialismus, S. 614ff; zur militärischen Lage an der Westfront Anfang März 1945 vgl. Aders: Einnahme Bonns.
10. Doepgen: Geschichte des Kreisgebietes, S. 127; vgl. auch H. Fischer: Kriegsende.
11. ARSK LSK 3322, Bl. 110.
12. Schr. BM Eitorf an LR 28.3.1945, in: ebd., Bl. 99.
13. Wolf: Zweiter Weltkrieg.
14. Schr. Bierhoff an LR 25.3.1945, in: ARSK LSK 3322, Bl. 109. Hitlers Evakuierungsbefehl beruhte nicht auf Mitgefühl mit der Bevölkerung, sondern auf der Überlegung, dem Feind sollten keine Männer in die Hand fallen, die sich beim weiteren Kampf einsetzen ließen. (Kershaw: Ende, S. 400f.)
15. ARSK LSK 3322, Bl. 112.
16. Ebd., Bl. 113.
17. Schr. an LR 19.5.1945, in: ARSK LSK 3320, Bl. 38.
18. Schr. Bierhoff an LR 23.3.1945, in: ARSK LSK 3322, Bl. 107.
19. Schr. an LR 3.4.1945, in: ebd., Bl. 118.
20. Schr. Bierhoff an LR 24.3.1945, in: ebd., Bl. 110.
21. Schr. Bierhoff an LR 27.3.1945, in: ebd., Bl. 111.
22. Ebd., Bl. 119.
23. Zit. n. Ersfeld: Kriegschronik, S. 109.
24. Schr. BM Eitorf an LR 28.3.1945, in: ARSK LSK 3322, Bl. 99.
25. StA Sbg Slg Kriegschronik XI.
26. Schr. BM Much an LR 12.5.1945, in: ARSK LSK 3320, Bl. 21.
27. Doepgen: Geschichte des Kreisgebietes, S. 127.
28. ARSK SK 59, Bl. 1ff.
29. Niederschr. BMDV 28.5.1945, in: ARSK SK 384, Bl. 5.

DIE MILITÄRREGIERUNG IM SIEGKREIS

Auf ihrem Vormarsch durch Deutschland schlugen die amerikanischen Truppen in den eingenommenen Städten und Dörfern eine zweisprachige Bekanntmachung an, mit der sie die Bevölkerung über ihre nächsten Maßnahmen informierten. In der Einleitung der *Proklamation Nr. 1* stellte General Dwight D. Eisenhower als Oberster Befehlshaber klar: »Die Alliierten Streitkräfte [...] kommen als ein siegreiches Heer; jedoch nicht als Unterdrücker«, aber in der festen Absicht, »den Nationalsozialismus und den deutschen Militarismus [zu] vernichten«. »Alle Personen« hatten »unverzüglich und widerspruchslos alle Befehle und Veröffentlichungen der Militärregierung zu befolgen«. Sämtliche »deutschen Gerichte, Unterrichts- und Erziehungsanstalten innerhalb

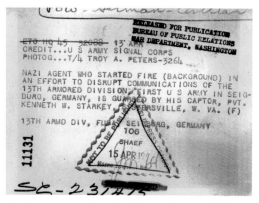

Ausschnitt aus dem Text der Bildbeschriftung: „Nazi Agent who started fire"

des besetzten Gebietes [wurden] bis auf Weiteres geschlossen«. Straftaten sollten von Gerichten der Militärregierung geahndet werden. Die Beschäftigten im öffentlichen Dienst wurden »verpflichtet, bis auf weiteres auf ihren Posten zu verbleiben und alle Befehle und Anordnungen der Militärregierung [...] zu befolgen und auszuführen«.[1] Analog zur deutschen Verwaltungsstruktur bildeten die Besatzungsmächte bis hinunter zu den kreisfreien Städten und Landkreisen eigene Militärregierungen, die das gesamte öffentliche Leben kontrollierten, die neuen Amtsträger beriefen und die Durchführung ihrer Befehle und Anweisungen durch die deutschen Verwaltungsstellen überwachten.

Nach der Einnahme Königswinters am 16. März 1945 errichtete die amerikanische Armee im Gebäude der dortigen Stadtsparkasse die erste Militärregierung für den besetzten Teil des Kreisgebiets. Nach der Einnahme des gesamten Siegkreises verlegte die Militärregierung Mitte April ihren Sitz in

Festnahme eins Brandstifters, 15. April 1945. U.S. National Archives

das verhältnismäßig wenig beschädigte Kreishaus nach Siegburg. Für den 23. April bestellte der amerikanische Militärgouverneur Staats die Bürgermeister des Siegkreises, die die amerikanischen Truppen bei der Besetzung der einzelnen Gemeinden bzw. Ämter ernannt hatten, zu einer ersten Dienstbesprechung in das Kreishaus.[2] In diesen anfangs wöchentlich, seit August 1945 alle 14 Tage stattfindenden Bürgermeister-Dienstversammlungen unterrichteten der Militärgouverneur oder seine Vertreter die Bürgermeister über neue Gesetze und Anordnungen der Militärregierung und erteilten ihnen Anweisungen. Des Öfteren übten sie auch Kritik, weil ihre Anordnungen unzureichend oder zögerlich umgesetzt worden waren. Anschließend informierten der Landrat, an dessen Stelle später der Oberkreisdirektor trat, und die Leiter von Kreisbehörden die Bürgermeister über Maßnahmen, die die Militärregierung und die Kreisverwaltung ergriffen hatten, um Kriegsschäden zu beseitigen, die Not der Bevölkerung zu lindern, die Entstehung und Ausbreitung von Seuchen zu verhindern, Plünderungen und Raubüberfälle zu bekämpfen und vielen anderen Schwierigkeiten zu begegnen. Die Bürgermeister wurden aufgefordert, die jeweiligen Maßnahmen in ihren Verwaltungsbezirken zügig und konsequent auszuführen. Wie aus den erhaltenen Niederschriften hervorgeht, stellten die Bürgermeister in den Dienstbesprechungen selten Rückfragen. Das letzte im Kreisarchiv vorhandene Protokoll einer Dienstversammlung der kommunalen Verwaltungsleiter, die inzwischen Stadt-, Amts- und Gemeindedirektoren hießen, stammt vom 16. November 1946. Seit Ende 1946 griffen die örtlichen Militärregierungen, deren Leiter nun den Titel »Kreis-Resident-Officer« trugen, im Allgemeinen kaum noch in kommunale Angelegenheiten ein. Ihre Aufgabe beschränkte sich gegenüber der Kreisverwaltung fortan »auf Inspektion, Beratung und Hilfe«.[3]

In der ersten Dienstversammlung der Bürgermeister am 23. April 1945 gab Militärgouverneur Staats die Verhängung einer Ausgangssperre von 7 Uhr abends bis 7 Uhr morgens bekannt. Sie wurde in der folgenden Woche um zwei Stunden verkürzt, konnte bei Missachtung aber auch um zwei Stunden verlängert werden.[4] Ende Mai wurde die Ausgangszeit auf 4.30 bis 22.00 Uhr festgesetzt.[5]

In der Dienstversammlung am 7. Mai erhob Staats den Vorwurf, »dass manche Bürgermeister sich vor der Arbeit und der Verantwortung drücken und diese abzuwälzen suchen«. Er verlangte, dass »jeder, besonders wer an verantwortlicher Stelle stehe, mehr tun [müsse], als seine Pflicht« zu erfüllen. Der Militärgouverneur erklärte, er habe »den Eindruck, dass die Bevölkerung über die Gesetze und Bekanntmachungen der Militärregierung nicht genügend unterrichtet« werde. Dieser Zustand sei unhaltbar. Staats teilte weiter mit, in Kürze werde das Militärgericht in Siegburg erstmals zusammentreten. Die Bürgermeister wurden aufgefordert, am ersten Gerichtstag teilzunehmen, damit sie »sich über den Gang der Gerichtsverhandlungen« ein Bild machen konnten. In der Besprechung gab der Militärgouverneur auch bekannt, die Bevölkerung des Siegkreises solle in Kürze registriert werden. Danach könne sich jeder Kreisbewohner innerhalb des Kreisgebiets frei bewegen.[6] Bisher durfte sich die Bevölkerung nur mit Genehmigung der Militärregierung mehr als sechs Kilometer vom Wohnort entfernen.[7] Nach der Registrierung war »in jedem Haus an der Innenseite der Haustür ein Anschlag mit den Namen aller im Haus wohnenden Personen« anzubringen, dessen Aktualität die Polizei von Zeit zu Zeit überprüfen sollte.[8] Die Erfassung der Kreisbevölkerung begann am 8. Mai. Registriert wurden alle Einwohner ab dem 12. Lebensjahr; zur eindeutigen Identifikation mussten sie einen Fingerabdruck mit dem rechen Zeigefinger leisten.[9]

In der Besprechung mit den Bürgermeistern am 14. Mai 1945 kritisierte der Militärgouverneur, die Bevölkerung halte »trotz wiederholter Hinweise [...] die Ausgehzeiten nicht genau ein«. Wegen Übertretung der Ausgangssperre seien in Oberkassel 37 Personen festgenommen worden. Staats verlangte von der deutschen Polizei, »auf die Einhaltung der Ausgehzeiten streng [zu] achten«. Er erinnerte auch an das Verbot, Versammlungen und Zusammenkünfte von mehr als fünf Personen ohne Genehmigung der Militärregierung abzuhalten. Der zufällige Aufenthalt von mehr als fünf Personen in Restaurants und Cafés sei »selbstverständlich erlaubt«, ebenso Versammlungen zu »religiösen Zwecken«.[10] Prozessionen mussten schriftlich beantragt werden und wurden von der Militärregierung immer genehmigt.[11]

In der Besprechung am 22. Mai teilte Staats den Bürgermeistern mit, Zeitungsbetriebe und Kinos dürften nur mit besonderer Genehmigung der Militärregierung eröffnet werden. Offenbar befürchtete die Besatzungsmacht, dass über Kinofilme und unkontrolliert herausgegebene Zeitungen nazistisches Gedankengut in der Bevölkerung verbreitet werden könnte. Der Militärgouverneur kündigte an, in den kommenden Tagen würden die deutschen Zivilgerichte ihre Arbeit wieder aufnehmen.[12]

In der Dienstversammlung am 28. Mai machte Staats die Bürgermeister darauf aufmerksam, dass der *Kölnische Kurier* nicht verkauft werden dürfe, sondern gratis verteilt werden müsse.[13] Der *Kölnische Kurier* war eine seit April 1945 zunächst von der amerikanischen, später von der britischen Militärregierung herausgegebene Zeitung in der Kölner Region. In Siegburg wurde der *Kölnische Kurier* seit dem 7. Mai verteilt[14] und ab 1. März 1946 durch drei parteipolitisch orientierte Zeitungen ersetzt, für die die Militärregierung den deutschen Herausgebern eine Lizenz erteilt hatte. Es handelte sich um die *Rheinische Zeitung* (SPD), die *Kölnische Rundschau* (CDU und Zentrum) und die *Volksstimme* (KPD).[15] Der *Kölner Stadt-Anzeiger* erschien erst im Oktober 1949.

In der Besprechung am 18. Juni 1945 erfuhren die Bürgermeister, dass die amerikanische Militärregierung in den nächsten Tagen durch die britische ersetzt würde.[16] Die amerikanische Militärverwaltung übergab die nördliche Rheinprovinz, zu der auch der Siegkreis gehörte, am 21. Juni 1945 der britischen Militärregierung.[17] Auch bei den Briten bestand die unterste Ebene der Militärverwaltung aus Detachments auf Kreisebene.[18] Im Siegkreis handelte es sich um die Abteilung Nr. 1016. Der neue britische Militärgouverneur im Siegkreis, Major Hope, stellte sich den Bürgermeistern in der turnusmäßigen Besprechung am 25. Juni vor und erklärte ihnen, dass er die Geschäfte in der gleichen Weise wie sein amerikanischer Vorgänger führen werde.[19] In der nächsten Besprechung am 2. Juli teilte Hope mit, die Militärregierung habe keine Einwände gegen Sportveranstaltungen, »soweit keine Zuschauer vorhanden wären«. Auf keinen Fall dürfe es »zu größeren Menschenansammlungen« kommen.[20]

Eine Woche später monierte Hope, dass »das Ausgehverbot nicht genau befolgt werde«. Er erinnerte die Bürgermeister daran, dass in der Zeit der nächtlichen Ausgangssperre »Zivilpersonen nicht auf der Straße sein und auch keine Arbeiten mehr im Garten oder Feld verrichten oder sich sonst wie im Freien aufhalten« dürften.[21] Weil sich Ärzte, Hebammen, Priester und Melker über das strikte nächtliche Ausgangsverbot beschwert hatten, hob die Militärregierung für diesen Personenkreis, der allerdings besondere Ausweise benötigte, die Ausgangssperre im Juli 1945 auf.[22] Ansonsten bestand die Militärregierung jedoch zunächst auf der Einhaltung des nächtlichen Ausgangsverbots und ordnete an, dass »eine Viertelstunde vor Beginn der Ausgangsbeschränkung das Sirenensignal ›Alarm‹ und bei Beginn der Ausgangsbeschränkung das Signal ›Entwarnung‹ gegeben« werden musste.[23] Das Ausgehverbot wurde weiterhin oft übertreten.[24]

Am 23. Juli 1945 teilte der Militärgouverneur den Bürgermeistern mit, die Militärregierung beabsichtige, die Kinos so bald wie möglich wieder zu öffnen. Hope verlangte »sofort einen Bericht über die im Siegkreis bestehenden Kinos unter Angabe ihrer augenblicklichen Beschaffenheit«.[25] Die Militärregierung legte außerdem, wie sie in der Besprechung am 6. August 1945 versicherte, »Wert darauf, dass wieder Sport betrieben wird, besonders Fußball«. Dabei müsse »die Frage, ob bei besonderen Sportveranstaltungen Zuschauer anwesend sein dürfen, [...] von Fall zu Fall geklärt und entschieden werden. Es sei jedoch zu erwarten, dass diese Genehmigung in nächster Zeit generell erteilt werde«.[26] Kurz danach traten die »namhaftesten Fußballvereine des Siegkreises« erstmals wieder gegeneinander an und in Sieglar spielten die dortigen Sportfreunde gegen eine Mannschaft der britischen Besatzung. Das Spiel endete »nach sehr schönem und äußerst sportlichem Verlauf in der Verlängerung mit 4:4«.[27]

In der Besprechung der Bürgermeister am 10. Dezember 1945 stellte sich der neue britische Militärgouverneur, Major Collings, vor und wünschte, »dass die Bürgermeister ihn ebenso bereitwillig unterstützten« wie seinen Vorgänger, für den sie »eine große Stütze gewesen seien«. Collings kündigte an, demnächst alle Bürgermeister zu besuchen, um sich im persönlichen Gespräch ein besseres Bild von der Lage der Bevölkerung machen und vor Ort Schritte zur Linderung der Not erörtern zu können.[28] In der Dienstversammlung am 7. Januar 1946 lobte die Militärregierung, dass im Siegkreis »bereits viel erfolgreiche Aufbauarbeit geleistet« worden sei und der Kreis »heute sogar als der beste Kreis der Nord-Rheinprovinz angesehen werden« könne.[29]

Schreiben OKD Clarenz an die Militärregierung im Siegkreis v. 12. November 1946. Quelle: ARSK SK 60, Bl. 10

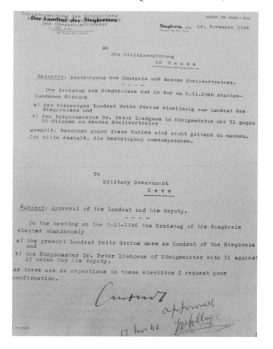

Anmerkungen:

1. Die Proklamation Nr. 1 hier zitiert nach der Veröffentlichung in: http://www.dhm.de/lemo/html/dokumente/Nachkriegsjahre_erklaerungEisenhowerProklamationNr1/ (21.1.2010).
2. Geimer/Korte-Böger: Siegburg 1945, S. 225.
3. Rehm: Landkreis Kempen-Krefeld, S. 11.
4. Warning: Amerikaner, S. 170ff.
5. Niederschr. BMDV 28.5.1945, in: ARSK SK 384, Bl. 5.
6. Niederschr. BMDV 7.5.1945, in: ebd., Bl. 2.
7. Warning: Amerikaner, S. 172.
8. Niederschr. BMDV 17.9.1945, in: ARSK SK 384, Bl. 54f.
9. Geimer/Korte-Böger: Siegburg 1945, S. 226.
10. Niederschr. BMDV 14.5.1945, in: ARSK SK 384, Bl. 3.
11. Niederschr. DV Amts- u. Gemeindedirektoren 17.6.1946, in: ebd., Bl. 99f.
12. Niederschr. BMDV 22.5.1945, in: ebd., Bl. 4.
13. Niederschr. BMDV 28.5.1945, in: ebd., Bl. 5.
14. Geimer/Korte-Böger: Siegburg 1945, S. 225.
15. Aktenvermerk LR 1.3.1946, in: ARSK SK 2170, Bl. 24; zur Zeitungslandschaft der frühen Nachkriegszeit in NRW vgl. Dohms: Lizenzpresse.
16. ARSK SK 384, Bl. 14ff.
17. Först: Nordrhein-Westfalen, S. 17.
18. Schleidgen: Besatzungszone, S. 78.
19. Niederschr. BMDV 25.6.1945, in: ARSK SK 384, Bl. 17.
20. Niederschr. BMDV 2.7.1945, in: ebd., Bl. 18ff.
21. Niederschr. BMDV 9.7.1945, in: ebd., Bl. 24ff.
22. Niederschr. BMDV 16.7.1945, in: ebd., Bl. 31ff.
23. Niederschr. BMDV 23.7.1945, in: ebd., Bl. 34ff.
24. Niederschr. BMDV 3.9.1945, in: ebd., Bl. 50ff.
25. Niederschr. BMDV 23.7.1945, in: ebd., Bl. 34ff.
26. Niederschr. BMDV 6.8.1945, in: ebd., Bl. 42f.
27. Kölnischer Kurier 17.8.1945.
28. Niederschr. BMDV 10.12.1945, in: ARSK SK 384, Bl. 69f.
29. Niederschr. BMDV 7.1.1946, in: Ebd., Bl. 72f.

Fahrer des Siegwerkes, um 1947. Das Auto zeigt das Kennzeichen der Besatzungszone.

Brückenfragment im Verlauf der Wahnbachtalstraße, Siegburg-Seligenthal, Foto 1998

WIEDERAUFBAU DES TRANSPORTSYSTEMS

In der Schlussphase des Zweiten Weltkriegs wurde das Eisenbahn- und Straßennetz im Siegkreis stark in Mitleidenschaft gezogen. Der regional bedeutsame Personen- und Güterbahnhof Troisdorf zählte zu den am stärksten verwüsteten Bahnhöfen im Kölner Bezirk. Auf seinen Gleisen standen bei Kriegsende über 1100 zerstörte oder beschädigte Waggons.[1] »Außerordentlich groß waren auch die Schäden, die von unseren eigenen Truppen durch Sprengungen an Straßen, Brücken und Eisenbahnlinien angerichtet worden sind«, stellte Landrat Clarenz in der ersten Kreistagssitzung im Januar 1946 unmissverständlich fest.[2] Der Eitorfer Heimatforscher Josef Ersfeld sah 1950 in diesen auf das Konto der Wehrmacht gehenden »Rückzugszerstörungen eines der traurigsten Kriegskapitel«.[3]

Die von deutschen Truppen bewusst durchgeführte, militärisch völlig sinnlose Zerstörung zahlloser Straßen- und Eisenbahnbrücken ging auf Hitlers berüchtigten »Nero-Befehl« vom 19. März 1945 zurück. »Alle militärischen Verkehrs-, Nachrichten-, Industrie- und Versorgungsanlagen sowie Sachwerte innerhalb des Reichsgebietes, die sich der Feind für die Fortsetzung seines Kampfes irgendwie [...] nutzbar machen kann, sind zu zerstören«, hatte Hitler ohne Rücksicht auf die Lebensinteressen der eigenen Bevölkerung angeordnet.[4] Weil ein funktionierendes »Transportwesen [...] der Schlüssel zu allen anderen Aufgaben« war[5], begann die amerikanische Militärregierung bald nach Einstellung der Kampfhandlungen mit der zunächst provisorischen Reparatur der wichtigsten Verkehrswege im Siegkreis. Dazu waren »umfangreiche Aufräumungs-, Instandsetzungs- und Erneuerungsarbeiten [erforderlich]. Es galt, verschüttete Ortsdurchfahrten aufzuräumen, Panzersperren, Bombentrichter, Schlaglöcher und sonstige Hindernisse zu beseitigen sowie Brücken und Durchlässe, wenn auch behelfsmäßig, wiederherzustellen«, berichtete Landrat Clarenz im Januar 1946 im Kreistag.[6] Die Bevölkerung musste bei diesen Arbeiten »weitestgehend Hilfe leisten«.[7]

Schon im Sommer 1945 waren die Fernstraßen einschließlich des Autobahnabschnitts im Siegkreis wieder befahrbar, nachdem zahlreiche Behelfsbrücken errichtet worden waren und noch nicht reparierte Teilstücke auf Umleitungsstrecken umfahren werden konnten.[8] Im Winter 1945/46 waren die Arbeiten dann »soweit fortgeschritten, dass sich der Straßenverkehr wieder reibungslos abwickelt[e]«.[9] Im Dezember 1946 wurde nach nur dreimonatiger Bauzeit die wichtige Straßen- und Kleinbahnbrücke über die Sieg zwischen Siegburg und Siegburg-Mülldorf, die bisher nur provisorisch wieder aufgebaut worden war, durch eine feste ersetzt.[10]

Auf einzelnen Teilstrecken der rechtsrheinischen Eisenbahnstrecke von Köln über Troisdorf nach Niederlahnstein konnte bereits im Sommer 1945 der Betrieb wieder aufgenommen werden. Die gesamte Strecke war Ende 1945 wieder befahrbar.[11] Weitaus grö-

Durch Bombenabwurf beschädigtes Rasthaus Siegburg-West an der Autobahn Oberhausen-Wiesbaden 1943

ßere Schwierigkeiten bereitete die Wiederinbetriebnahme der zweiten Haupteisenbahnstrecke im Siegkreis, die von Troisdorf ins Siegerland führt. Nach Ansicht der Kreisverwaltung gab es »kaum eine Eisenbahnstrecke in Deutschland, die so schwer beschädigt sei wie die Strecke Siegburg–Betzdorf, auf der nicht weniger als 24 Eisenbahnbrücken gesprengt worden seien«.[12] Die Trümmer der zerstörten Brücken lagen in der Sieg und stellten bei Hochwasser eine große Gefahr für die Anwohner und die Wiesen und Äcker im Siegtal dar. Deshalb forderte Landrat Clarenz die Bürgermeister im August 1945 auf, »sämtliche Kräfte [...] zur freiwilligen Mitarbeit« bei der Räumung der Brückentrümmer zu mobilisieren. Hierbei dachte er in erster Linie an Lehrer und Schüler im Alter von 10 bis 15 Jahren[13], denn die »Gestellung« regulärer Arbeitskräfte zur Wiederinstandsetzung der Hauptverkehrswege »bereitet[e]«, wie der Landrat im Oktober 1945 der Militärregierung im Siegkreis schrieb, »große Sorge«, weil es schwierig war, Unterkünfte und Verpflegung zu beschaffen und den Transport der Arbeiter zu den Baustellen zu gewährleisten. Allein zur Beseitigung der Brückentrümmer und zum Wiederaufbau der Brücken an den Eisenbahnstrecken und dem im Siegkreis liegenden Streckenabschnitt der Autobahn Oberhausen-Köln-Wiesbaden wurden rund 1000 Arbeiter benötigt.[14]

Anfang 1946 war die Eisenbahnstrecke im Siegtal wieder bis Herchen befahrbar. Die Reparatur der dritten Reichsbahnstrecke im Siegkreis, der Aggertalbahn von Siegburg

Neubau der Straßen- und Eisenbahnbrücke Siegburg-Buisdorf

nach Overath und weiter ins Oberbergische Land, sollte nach Ansicht der britischen Militärregierung in Düsseldorf »vorläufig unterbleiben«, weil es sich bei ihr nur um eine Nebenbahn handelte. Das Kreisbauamt ignorierte diese Vorgabe jedoch und rang der Reichsbahndirektion Wuppertal die Zusage ab, »diese Strecke stillschweigend wieder auszubauen, ohne der Militärregierung große Berichte darüber einzusenden. Der Güterverkehr bis Wahlscheid ist bereits im Gange. In den nächsten Monaten wird hoffentlich der durchgehende Verkehr bis Overath und weiter wieder aufgenommen werden«.[15]

Bereits Anfang 1946 verkehrten auf allen Strecken der privaten Rhein-Sieg-Eisenbahn AG wieder regelmäßig Züge. Die kreiseigene Kleinbahn Siegburg–Zündorf befuhr den wieder hergestellten Streckenabschnitt Troisdorf–Niederkassel und die elektrische Bahn Siegburg–Bonn–Honnef die Teilstrecke bis Königswinter. Ferner bestand »inzwischen auch ein regelmäßiger Omnibusverkehr zwischen fast allen größeren Gemeinden des Siegkreises, die an keine Bahn angeschlossen« waren, berichtete der Landrat in der Kreistagssitzung im Januar 1946.[16] Auf den wieder in Betrieb genommenen Eisenbahnstrecken fuhren allerdings weniger Züge als in der Vorkriegszeit, weil der Bestand an Lokomotiven und Waggons im Krieg stark dezimiert worden war. Auch waren die Fahrtzeiten länger, da die Eisenbahnstrecken vorerst nur eingleisig befahren werden konnten.[17] Der Siegkreis war auf Befehl der Militärregierung auch für »die Hebung der im Rhein versenkten Schiffe und Kähne zwischen der Kreisgrenze und der Stadt Köln« verantwortlich.[18] Die Wiederaufnahme des Güterverkehrs auf der Schiene, der Straße und dem Rhein war eine Grundvoraussetzung für die Wiederaufnahme der Lieferung von Nahrungsmitteln, Brennstoffen, Baumaterialen und Rohstoffen in den Siegkreis.

Siegburg Hauptbahnhof 1945/46 von der Zange aus gesehen

Anmerkungen:

1 *Kölnischer Kurier* 14.12.1945.
2 ARSK SK 59, Bl. 1ff.
3 Ersfeld: Kriegschronik, S. 119.
4 Zit. n. Moll: »Führer-Erlasse« S. 486.
5 *Kölnischer Kurier* 17.8.1945.
6 ARSK SK 59, Bl. 1ff.
7 Niederschr. BMDV 14.5.1945, in: ARSK SK 384, Bl. 3.
8 *Kölnischer Kurier* 17.8.1945.
9 ARSK SK 59, Bl. 1ff.
10 Monatsbericht OKD an MR SK Dezember 1946, Anlage N, in: ARSK SK 6, Bl. 57.
11 *Kölnischer Kurier* 17.8.1945; Bericht Kreisbauamt 25.1.1946, in: ARSK SK 59, Bl. 35f.
12 Niederschr. BMDV 16.7.1945, in: ARSK SK 384, Bl. 31ff.
13 Schr. 22.8.1945, in: ARSK SK 2170, Bl. 1.
14 Bericht 5.10.1945.1945, in: ARSK SK 5, Bl. 65ff.
15 Bericht Kreisbauamt 25.1.1946, in: ARSK SK 59, Bl. 35f.
16 Ebd., Bl. 1ff.
17 Bericht OKD 2.1.1948, in: ebd., Bl. 168.
18 Bericht Kreisbauamt 25.1.1946, in: ebd., Bl. 35f.

Siegburger Hauptbahnhof 1945/46, Blick vom Bahnhofsvorplatz aus. Das „S" mit Pfeil an der Hauswand, rechter Bildteil, weist auf einen Schutzraum hin.

VERSORGUNG DER BEVÖLKERUNG

NAHRUNGSMITTEL

Die Versorgung der Kreisbevölkerung mit Nahrungsmitteln wurde bereits in den letzten Kriegsmonaten kritisch. Der Siegburger Bürgermeister Eickhoff listete am 19. Januar 1945 in einem Lagebericht an den Landrat zahlreiche Versorgungsengpässe auf. »Große Schwierigkeiten« bereitete »die Heranschaffung von Mehl, Butter, Käse und Nährmittel[n]«, weil die »Transportwege durch die feindlichen Fliegerangriffe« in wachsendem Maße beschädigt wurden. Eine für Weihnachten 1944 angekündigte Sonderzuteilung von Eiern fiel zum Unmut der Bevölkerung aus. Auch Kartoffeln wurden immer knapper. Selbst die Ernährung von Neugeborenen wurde nach Eickhoffs Angaben »sehr erschwert«, da es »seit langem« keine Trockenmilch mehr gab. Der Siegburger Bürgermeister erwartete, dass sich die Versorgungsprobleme in den kommenden Wochen noch vergrößerten.[1] In Uckerath verschärfte sich die Situation zusätzlich, weil Bürgermeister Richard Höfler in der letzten Kriegsphase »Lebensmittelvorräte in großem Umfang an Wehrmachtseinheiten verschenkt[e], ohne Rücksicht auf die daraus erwachsende Notlage der Gemeinde« zu nehmen.[2]

Wenige Wochen nach Beginn der Besatzung teilte der amerikanische Militärgouverneur den Bürgermeistern mit, dass »die Versorgung der Bevölkerung und der Ausländer ein sehr schwieriges Problem [sei], zumal auch noch die vielen Millionen deutscher Kriegsgefangener versorgt werden müssten«.[3] Mit den zu verpflegenden Ausländern sind die während des Kriegs zum Arbeitseinsatz nach Deutschland verschleppten Fremdarbeiter und Kriegsgefangenen gemeint.

Die bei Kriegsende »vorhandenen, der Verschleppung und Plünderung entgangenen Vorräte« an Nahrungsmitteln waren, wie Landrat Clarenz in der ersten Kreistagssitzung Ende Januar 1946 erklärte, »so gering, dass sie selbst bei äußerster Herabsetzung der Rationen nur für wenige Wochen reichten«.[4] Die Bevölkerung des Siegkreises stand vor einer Hungersnot. Deshalb wurde die Lebensmittelration für den sogenannten »Normalverbraucher« im Siegkreis zunächst auf einen Nährwert von 500 bis 600 Kalorien pro Tag reduziert[5] und das Ende August 1939 in Deutschland eingeführte und im Laufe des Kriegs erweiterte Rationierungssystem für viele Konsumgüter beibehalten.[6]

Aufgrund der vorhin geschilderten Transportprobleme konnten im Sommer 1945 »in Siegburg und in den größeren Ortschaften des Kreises keine Kartoffeln« mehr zugeteilt werden. Die Kreisverwaltung rechnete aber damit, dass sich die Lage nach der neuen Ernte im Herbst entspannen würde und dann jedem Einwohner zwei Zentner Kartoffeln zur Wintereinkellerung zugeteilt werden könnten.[7]

Bei näherer Betrachtung zeigt sich, dass die Versorgung der Bevölkerung auch durch das eigennützige Verhalten nicht weniger Landwirte gefährdet wurde. So war die »ordnungsmäßige Brotversorgung im Siegkreis«, wie Landrat Clarenz in einer Dienstbesprechung Anfang Juli 1945 bekanntgab, »sehr gefährdet, weil die Mühlen über keine Getreidevorräte mehr verfügen«. Der Landrat vermutete, dass auf den Bauernhöfen im Siegkreis noch »größere Mengen Brotgetreide« lagerten. Er forderte deshalb die Bürgermeister auf, die Landwirte mit Nachdruck zum Ausdreschen und zur Ablieferung des Getreides an die Mühlen zu verpflichten.[8]

Im Laufe des Sommers 1945 trat »eine wesentliche Besserung in der Lebensmittelversorgung der Zivilbevölkerung« ein, so dass im Siegkreis »jede erwachsene Person statt bisher 1150 Kalorien jetzt 1500 Kalorien« täglich erhalten sollte.[9] Der Landrat unterstrich in der Eröffnungssitzung des Kreistags im Januar 1946, dass die Verbesserung der Nahrungsmittelversorgung »in erster Linie der tatkräftigen Hilfe der Militärregierung zu verdanken [sei], die seit geraumer Zeit große Mengen ausländisches Getreide und Mehl einführen lässt und für die Ernährung der Zivilbevölkerung zur Verfügung stellt. Tatsächlich beruht heute unsere Ernährung zu 70 bis 80 Prozent auf dieser Getreideeinfuhr.«[10] Die ausländische Hilfe war auch deshalb bitter nötig, weil im Siegkreis die Ernte im ersten Nachkriegsjahr »bei allen Fruchtarten sehr mäßig« ausfiel. »Weite Ackerflächen waren vermint, durch Panzer festgewalzt oder durch Bomben- und Granattrichter nicht benutzbar. Es fehlte allenthalben an Arbeitskräften, Gespannen, Saatgut und Düngemitteln. Zudem haben sich die Kämpfe im Siegkreis gerade zurzeit der Feldbestellung abgespielt.« Die Wintersaat wurde bei den Bodenkämpfen der letzten Kriegswochen schwer in Mitleidenschaft gezogen. Außerdem wurden in den Kampfzonen viele landwirtschaftliche Maschinen vernichtet. Erst Ende 1945 waren »die Schäden, die der Krieg der Landwirtschaft zugefügt hat, zum größten Teil überwunden«, stellte der Verwaltungsbericht des Siegkreises für 1945 fest.[11] Ohne die umfangreichen Hilfslieferungen aus dem Ausland wäre ein Teil der Bevölkerung des Siegkreises im ersten Nachkriegsjahr wahrscheinlich verhungert.

Freilich deckte der auf 1500 Kalorien heraufgesetzte Tagessatz, worauf der Siegburger Bürgermeister Hubert Heinrichs 1947 in einer Stadtratssitzung hinwies, nur den »Mindestbedarf an Lebensmitteln für einen Menschen in völliger Ruhe, also Bettruhe«. Bei Zuteilungen unterhalb dieser Mindestration drohten »schwerste gesundheitliche Schäden«.[12] In diesem Zusammenhang sollte allerdings daran erinnert werden, dass die deutsche Besatzung trotz günstigerer Versorgungslage 1941 in Norwegen Lebensmittelrationen von 1600 Kalorien pro Tag und in Frankreich und Belgien sogar von nur 1300 Kalorien eingeführt hatte.[13]

Während der Landrat der Militärregierung für die Hilfe bei der Lebensmittelversorgung dankte, war ein Teil der Bevölkerung unzufrieden und forderte mehr Unterstützung. Der Siegburger Stadtdirektor Wilhelm Schmitz wies voller Entrüstung die in der Bevölkerung kursierende Meinung, »dass es vordem mit der Ernährungslage oder der Brennmaterialversorgung besser gewesen sei«, als bloße »Rederei« zurück. Derartige Behauptungen beruhten »nur auf einer vollständigen Verkennung der tatsächlichen Verhältnisse oder auf Bosheit«. Jeder halbwegs Vernünftige sehe ein, »dass eine Versorgung nach der Vernichtung und Zerschlagung der Transporteinrichtungen und der Verkehrswege sowie der wirtschaftlichen Organisation und des Handels unweit schwieriger ist als vor dieser Zerstörung«. Nach Meinung des Siegburger Stadtdirektors hatte sich die Ernährungslage Ende 1945 »schon soweit gebessert, dass die Bevölkerung damit zur Not auskommen« konnte.[14] Ebenso wie Schmitz kritisierte auch Landrat Clarenz diejenigen, die die Ursache für die Notlage nach Kriegsende nicht zur Kenntnis nehmen wollten. Deutschland sei nach dem »völligen Zusammenbruch [...] ausgepowert« und stehe »vor einem Nichts«. »Weite Kreise der Bevölkerung könnten das nicht begreifen; sie träten mit vielen Wünschen an die Verwaltungen heran, während diese nur in beschränktem Maße helfen könnten«, konstatierte der Landrat in der ersten Sitzung der Amtsvertretung des Amtes Menden im Februar 1946.[15]

Landrat Clarenz teilte den Bürgermeistern Anfang Oktober 1945 mit, der Oberpräsident der Nord-Rheinprovinz verlange, dass in Kürze »eine großzügige Hilfsaktion für die Not leidende Bevölkerung durchgeführt« werden sollte. Diese »Winternothilfe« sollte sich nach Meinung des Landrats »auf die Gewährung von Speise, Wärme und Kleidung beschränken«. Es war geplant, die benötigten Lebensmittel in den ländlichen Gebieten des Siegkreises zu sammeln.[16] Zwei Wochen später berichtete Clarenz, dass »in allen größeren Ortschaften des Kreises, insbesondere in Siegburg, Troisdorf, Honnef und Königswinter, Volksküchen eingerichtet werden« sollten.[17] Eine dieser Volksküchen sollte in der Abtei auf dem Michaelsberg in Siegburg eröffnet werden und täglich 1200 bis 1500 Menschen mit einer warmen Mahlzeit versorgen können. Ihre Ausstattung bereitete jedoch »große Schwierigkeiten« und war nur »durch gute Verbindungen und unermüdlichen Fleiß« zu bewerkstelligen.[18] Insgesamt sollten im Siegkreis 62 Volksküchen eingerichtet werden.[19]

Gab die Nahrungsmittelversorgung bis Ende 1945 Anlass zu vorsichtigem Optimismus, so änderte sich die Lage in den folgenden Monaten dramatisch. Seit Einführung der Rationierung im Jahre 1939 sei die Lage »noch nie so kritisch gewesen [...] wie augenblicklich«, urteilte das Kreisernährungsamt Anfang April 1946 und teilte im Einzelnen mit: »Der schlechte Ernteertrag des vergangenen Herbstes und die ungenügende Lebensmitteleinfuhr, insbesondere bei Brotgetreide und Kartoffeln, mache eine ordnungsmäßige Versorgung der Bevölkerung unmöglich. Selbst bei einer guten Ernte sei der Siegkreis nicht in der Lage, aus den Erträgnissen der eigenen Landwirtschaft die Versorgung der Kreiseingesessenen sicherzustellen.« Während das Kreisernährungsamt die Krise in der Nahrungsmittelversorgung auf eine schlechte Ernte und zurückgehende Hilfslieferungen aus dem Ausland zurückführte, machte Landrat Clarenz für die besorgniserregende Entwicklung die einheimischen Bauern mitverantwortlich. »Viele Bauern zeigen wenig Verständnis für die Not der Bevölkerung in den Städten und Industrieorten; sie denken zu viel an sich und versuchen, durch Tauschgeschäfte und Schwarzhandel sich unberechtigte Gewinne zu verschaffen«, erklärte er. Gegen Landwirte, die nur auf ihren eigenen Vorteil bedacht seien, müssten die Behörden eine härtere Gangart einschlagen. »Nach den bisherigen Erfahrungen genügen Ermahnungen und Appelle an die Menschenpflicht und Nächstenliebe allein nicht«, war Clarenz überzeugt.²⁰

Ohne sich darüber Gedanken zu machen, woher zusätzliche Hilfe hätte kommen können, forderte der Sozialdemokrat Hans Liebig in einer Sitzung des Honnefer Stadtrats Anfang Oktober 1946 von den Briten größere Anstrengungen. Liebig meinte: »Bei aller Anerkennung, dass uns die Militärregierung seit Mai 1945 vor dem gänzlichen Verhungern geschützt und somit die Folgen der verbrecherischen Vernichtungspolitik Hitlers und seiner Spießgesellen gemildert« habe, müsse »doch festgestellt werden, dass dem deutschen Volk weit mehr auf die Beine geholfen werden muss, wenn es die Schmach wiedergutmachen soll – und auch wiedergutmachen will –, die Hitler über unser Volk gebracht hat.«²¹ Anscheinend waren Liebig und mit ihm, wie vorhin dargestellt, große Teile der Bevölkerung der Meinung, das deutsche Volk habe ein moralisches Anrecht auf die Hilfe des Auslandes.

Der inzwischen zum Oberkreisdirektor ernannte bisherige Landrat Clarenz berichtete in einer Kreistagssitzung im November 1946, die britische Militärregierung habe die deutschen Behörden angewiesen, die zwischenzeitlich für Normalverbraucher auf 1050 Kalorien gesenkte Tagesration wieder auf 1500 Kalorien zu erhöhen und an die Bevölkerung größere Mengen an Brot, Haferflocken, Fleisch, Fisch und Zucker zu verteilen. Die Nahrungsmittelversorgung im Siegkreis war Ende 1946 nach Ansicht des Oberkreisdirektors »sehr kritisch« und steuerte auf »eine Katastrophe bei fehlenden Zufuhren« zu.²² Das Kreisernährungsamt wies am 23. Dezember 1946 darauf

hin, dass »in einzelnen Gemeinden bis zu 18 Prozent der Gesamtbevölkerung« eine »Krankenzusatznahrung« erhielten. Ohne diese Zusatznahrung würde »die Sterblichkeit in der Bevölkerung erheblich zunehmen« und insbesondere in den Wintermonaten ein »Massensterben« im Siegkreis eintreten.²³

Um der in »erschreckendem Maße« wachsenden »Unterernährung der Kinder in den Städten und Industrieorten« entgegenzuwirken, richteten Landrat Gorius und Oberkreisdirektor Clarenz im Juli 1946 den »eindringliche[n] Appell und die herzliche Bitte« an die Landbevölkerung, Kinder im Alter von 6 bis 14 Jahren für jeweils vier Wochen in ihrem Haushalt aufzunehmen.²⁴ Ende 1946 befand sich etwa jedes zweite Schulkind im Siegkreis in einem »schlechte[n] Ernährungszustand«, obwohl 18.085 Schüler eine tägliche Schulmahlzeit und Schokolade erhielten.²⁵ Der Erfolg der Schulspeisungen, an denen im folgenden Jahr 19.929 von insgesamt 24.236 Schulkindern im Siegkreis teilnahmen, wurde unterschiedlich beurteilt. Während die Kreisverwaltung »eine wesentliche Besserung des allgemeinen Gesundheitszustandes der Kinder« beobachtete²⁶, brachte nach Meinung der Stadtverwaltung Siegburg die ärztliche Untersuchung von Volksschulkindern in der Kreisstadt im Mai und November 1947 »erschreckend[e]« Ergebnisse.²⁷

Anfang 1947 war die Stimmung in der Bevölkerung des Siegkreises offenbar so schlecht, dass Militärgouverneur Collings sich genötigt sah, in der Kreistagssitzung am 22. Januar 1947 davor zu warnen, auf die Versorgungskrise mit Streiks und Unruhen zu reagieren. Deutschland war für Collings augenblicklich nicht mehr als »ein blinder Mann, der auf einem dünnen, schwankenden Seil geht. Jedes zersetzende Ereignis [...] bedeutet Hungersnot und Tod.«[28] Das sozialdemokratische Kreistagsmitglied Heinrich Buchholz argumentierte dagegen ähnlich oberflächlich und populistisch wie sein Parteifreund Liebig in Honnef, als er dem Militärgouverneur entgegenhielt: »Die alliierten Streitkräfte haben den Sieg zustande gebracht, deshalb muss es auch für sie möglich sein, den Frieden zu gestalten. Es ist auf jeden Fall unmöglich, auf der Grundlage einer Ernährung von 1500 Kalorien die Demokratie in Deutschland zu errichten.«[29]

In fast allen größeren Städten an Rhein und Ruhr gab es im Frühjahr 1947 »Hungerdemonstrationen«, an denen sich rund eine Million Menschen beteiligte.[30] Soweit aus den überlieferten Akten der Kreisverwaltung ersichtlich ist, fanden im Siegkreis keine »Hungerdemonstrationen« statt. Den ohne Zweifel auch in der Bevölkerung des Siegkreises vorhandenen Unmut versuchten diejenigen weiter anzufachen, die in der Nacht vom 29. auf den 30. November 1946 im Stadtzentrum von Siegburg zum zweiten Mal das Wort »Hunger« an Hauswände pinselten. Die Polizei verhaftete nach dem zweiten Vorfall drei Täter, die alle aus Siegburg stammten und »aktiven Anteil an der FDP« nahmen. Das britische Militärgericht in Siegburg verurteilte die Täter, von denen der älteste 32 und die beiden anderen 22 Jahre alt waren, am 7. Januar 1947 zu je sechs Monaten Gefängnis, weil »jeder vernünftige Mensch [...] sich darüber klar« sein müsse, dass solch eine Tat »zu Unruhen führen muss und dass etwa erforderliche Maßnahmen zur Bekämpfung der Unruhen fürchterliche Folgen haben könnten«.[31]

Aufruf von Landrat Gorius und OKD Clarenz im Amtlichen Anzeiger vom 23. November 1946. Quelle: ARSK

Der Sieglarer Gemeinderat drohte im Mai 1947 an, seine Arbeit niederzulegen, sollte sich die Versorgungslage nicht verbessern.[32] Militärgouverneur Collings empfing am 30. Juni im Beisein von Oberkreisdirektor Clarenz eine Delegation des Sieglarer Gemeinderats. Er versicherte in der Aussprache, die englische Regierung unternehme »die größten Anstrengungen«, um die Not der Bevölkerung in der britischen Zone zu mildern. Eine rasche Besserung der Lage sei aber nicht zu erwarten. Eine Aufkündigung der »Mitarbeit« sei »nicht das geeignete Mittel« zur Überwindung der Ernährungskrise und werde von der Besatzungsmacht nicht toleriert. Falls der Gemeinderat seine Drohung wahrmache, werde er den Regierungspräsidenten anweisen, auf Kosten der Gemeinde Sieglar einen Kommissar mit der Wahrnehmung der Aufgaben des Gemeinderats zu beauftragen, kündigte Collings an.³³ Geschickter als der Sieglarer Gemeinderat verhielt sich die Mendener Amtsvertretung. Auch in ihren Augen war die Versorgungslage so »katastrophal [...], dass die Bevölkerung [...] ihrer Berufsarbeit nicht mehr nachgehen« könne. Aber die Mendener Amtsvertreter betonten in einer Resolution im Juni 1947, »trotz dieser schwierigsten Lebensbedingungen die Tätigkeit [...] beizubehalten«, fügten aber hinzu, sie würden »die Verantwortung für die gegenwärtige Lage ablehnen«.³⁴ Die Stadt Siegburg ergriff dagegen die Eigeninitiative, um die Not der Bevölkerung zu lindern. Im November 1947 fuhren Ratsmitglieder in die Gegend von Düren, »um dort die Bauernhöfe abzugehen und Kartoffeln für ihre Siegburger zu erfassen«.³⁵

Weil die auf Bezugsmarken zugeteilten Lebensmittel zum Überleben nicht ausreichten, blieb den meisten Menschen nichts anderes übrig, als sich zusätzliche Nahrungsmittel selbst zu beschaffen. Oft wurden Nahrungsmittel auf Hamsterfahrten bei Bauern oder auf dem Schwarzmarkt bei Schiebern überteuert erworben. Viele Einwohner bauten Gemüse und Obst auch selbst an. In zunehmendem Maße wurden Obst und Gemüse aber auch von Feldern und aus Gärten gestohlen.

Mitten in der schweren Ernährungskrise des Jahres 1947 erfuhr die Öffentlichkeit des Siegkreises, dass in der Kreisverwaltung Fleischmarken veruntreut worden waren. Nach Ansicht der Kreisgruppe Sieg der Freien Demokraten hatte es in der Kreisverwaltung »übelste Korruptionserscheinungen am laufenden Band« gegeben.³⁶ Auch die CDU-Kreistagsfraktion verurteilte »bei der kaum noch zu überbietenden Ernährungsnot derartige Verbrechen auf das schärfste« und forderte eine rückhaltlose Aufklärung und Bestrafung der Schuldigen.³⁷ Die Kreisverwaltung räumte ein, dass es in der Fleischabrechnungsstelle »in erheblichem Umfang Veruntreuungen« gegeben habe, wobei etwa 50 Zentner Fleisch unterschlagen worden seien. Als Haupttatverdächtige wurde eine Verwaltungsangestellte verhaftet.³⁸

Die Lebensmittelversorgung im Siegkreis blieb bis in das Frühjahr 1948 hinein »durchaus unbefriedigend«. Danach entspannte sich die Lage allmählich. Der tägliche Kaloriensatz für Normalverbraucher wurde im Laufe des Jahres 1948 von 1400 auf 1800 Kalorien angehoben. »Die bitterste Not ist überwunden«, hieß es im Entwurf des Kreisverwaltungsberichts für 1948.³⁹

HAUSBRANDKOHLE, GAS UND STROM

In den letzten Kriegsmonaten brach die Strom- und Gasversorgung im Siegkreis zusammen. Die Kreisstadt war seit dem 6. November 1944 ohne Gas, nachdem die Ferngasgesellschaften ihre Lieferungen eingestellt hatten. Bei anschließenden Luftangriffen und beim Beschuss durch die amerikanische Artillerie vor der Besetzung der Stadt wurden die beiden stillgelegten Gasbehälter und das Leitungsnetz erheblich beschädigt.⁴⁰ Die Wiederaufnahme der Gasversorgung zog sich in Siegburg bis in das Jahr 1946 hin, weil zum einen die Reparatur des Rohrnetzes größere Schwierigkeiten bereitete und zum anderen die Kokereien nicht die benötigten Kohlemengen zur Gaserzeugung erhielten.[41]

Im letzten Kriegswinter bestand auch schon »ein empfindlicher Mangel an Hausbrandkohle. Die angelieferten Mengen reichen bei weitem nicht einmal aus, um den Kochbedarf zu decken«, meldete der Siegburger Bürgermeister im Februar 1945. Eickhoff verschwieg, dass nun auch die Wohnungen kaum noch geheizt werden konnten. Die Behörden erlaubten der Bevölkerung zwar das Einschlagen von Brennholz im Wald, doch musste das Holz selbst nach Hause geschafft werden. Frauen, deren Männer im Krieg waren, sowie alte und schwache Menschen hatten das Nachsehen, räumte selbst der Siegburger NS-Bürgermeister ein.[42]

Die Stromversorgung brach in Siegburg am 6. März 1945 aufgrund der großen Schäden am Leitungsnetz endgültig zusammen, nachdem sie schon vorher wegen des Ausfalls eines zerstörten Braunkohlekraftwerks bei Brühl erheblich beeinträchtigt worden war.[43] In den letzten Kriegsmonaten versuchte die Bevölkerung, ihre Wohnungen mit Petroleumlampen zu beleuchten. Freilich war auch Petroleum, wie Bürgermeister Eickhoff im Januar 1945 berichtete, »zurzeit jedoch nicht erhältlich«.[44]

In Siegburg wurde das zerstörte Stromnetz nach Einstellung der Kampfhandlungen erstaunlich schnell repariert und die Stromversorgung konnte schon in der Zeit vom 27. April bis 2. Mai 1945 wieder aufgenommen werden.[45] Mitte Juni kündigte Landrat Clarenz »die Instandsetzung der stark beschädigten Hoch- und Niederspannungsleitungen« im gesamten Kreisgebiet an.[46] Der größte Teil des Kreisgebiets wurde schon Ende 1945 wieder mit Strom versorgt.[47]

Problematischer gestaltete sich in der unmittelbaren Nachkriegszeit die Versorgung der Bevölkerung mit Hausbrandkohle. Zwar teilte der amerikanische Militärgouverneur den Bürgermeistern schon Anfang Mai 1945 mit, in Kürze würde Kohle geliefert, doch war diese nur dazu bestimmt, »die von Kohle abhängigen lebenswichtigen Betriebe wieder in Gang« zu bringen.[48] Im ersten Nachkriegswinter stellte die britische Militärregierung der Bevölkerung des Siegkreises »nur eine kleine Menge Brennmaterial« in Form von Briketts zum Kochen und Heizen zur Verfügung. Der »unbedingt notwendige Bedarf« an Brennstoff habe durch erheblichen Holzeinschlag in den heimischen Wäldern gedeckt werden können, erklärte Oberkreisdirektor Clarenz. Doch habe letztlich nur »die vergleichsweise günstige Witterung« »eine Katastrophe« verhindert. Deshalb bat Clarenz im Sommer 1946 die für Kohlelieferungen zuständige Militärregierung in Köln, im nächsten Winter den rund 65.000 Haushalten im Siegkreis mehr Kohle zuzuteilen. Nach seinen Berechnungen sollten es mindestens 81.250 Tonnen sein.[49]

Doch aus dem NRW-Wirtschaftsministerium erfuhr die Kreisverwaltung zu ihrem Erstaunen, die Bevölkerung des Siegkreises werde im Winter 1946/47 überhaupt keine Kohle mehr erhalten, stattdessen müsse die Hausbrandversorgung durch das Einschlagen von 137.000 Raummetern Holz in den Wäldern des Kreisgebiets sichergestellt werden. Als Clarenz im Oktober 1946 der Militärregierung erklärte, es sei »unmöglich«, diese Holzmenge zu beschaffen,[50] antwortete ihm die

Kreisgruppe Sieg-Aggerland der britischen Militärregierung in Bergisch Gladbach kühl, die Kreisverwaltung habe rechtzeitig den Auftrag erhalten, »sich auf den ›kohlenlosen Winter‹ durch Holzeinschlag vorzubereiten«. Daher sei ein etwaiger Brennstoffmangel »völlig und ohne Einschränkung auf den Mangel an Leistungsfähigkeit und die gänzliche Nichtbeachtung der erlassenen Anordnungen und Anweisungen zurückzuführen«. Die Militärregierung war sichtlich verärgert, weil Clarenz den Einschlag der festgesetzten Holzmenge für »unmöglich« erklärt hatte. »Das Wort ›unmöglich‹ gibt es in den Wörterbüchern der Militärregierung nicht«, belehrte ihn die Militärregierung und forderte ihn auf, nicht länger zu lamentieren, sondern »sofortige Maßnahmen« zu ergreifen, dann werde er »später keinen Grund zum Stöhnen haben«.[51] Im November 1946 räumte Clarenz vor dem Kreistag ein, die benötigte Holzmenge »gebe es tatsächlich im Siegkreis«. Aber wiederum listete er eine Reihe »unüberwindbare[r] Schwierigkeiten« beim Einschlag der geforderten 137.000 Raummeter auf.[52]

Der Kreistag nahm in seiner Sitzung im Januar 1947 einmütig eine von der CDU-Fraktion eingebrachte Erklärung zur Brennstoffversorgung an. In ihr wurde die Militärregierung »inständigst« gebeten, »eine hinreichende Menge an Kohlen und Briketts für die Bevölkerung und die Wirtschaft freizugeben, weil sonst in Anbetracht der unzureichenden Ernährung der Ausbruch von Krankheiten unausweichlich« sei. In der Aussprache über die Resolution erklärte der Sozialdemokrat Buchholz, »dass das gewaltsame Wegnehmen von Briketts von Kohlezügen, Lastwagen und so weiter nicht als Diebstahl bezeichnet werden könne, weil die schreckliche Notlage Menschen dazu zwänge« und »die Deutschen […] am Rande der Verzweiflung« stünden.[53] Dass die illegale Aneignung von Kohlen durch frierende Menschen nicht als Diebstahl betrachtet werden dürfe, hatte kurz vorher der Kölner Erzbischof Josef Kardinal Frings in seiner Silvesterpredigt 1946 angemahnt und dabei erklärt, in der gegenwärtigen Zeit der Not werde »der einzelne das […] nehmen dürfen, was er für die Erhaltung seines Lebens und seiner Gesundheit notwendig hat, wenn er es auf andere Weise durch seine Arbeit oder durch Bitten nicht erlangen kann«.[54]

Schreiben Militärregierung Sieg-Aggerland an OKD Clarenz v. 30. Oktober 1946. Quelle: ARSK SK 2, Bl. 139

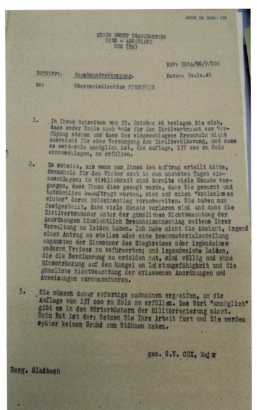

Wie schon bei der Nahrungsmittelversorgung bediente Buchholz auch in seinen Bemerkungen zur Brennstoffversorgung erneut die in Teilen der Bevölkerung vorhandenen Ressentiments gegen die britische Besatzungsmacht, indem er von der »Tatsache« sprach, »dass viel elektrischer Strom aus der britischen Zone nach Holland, Belgien und in die amerikanische Zone exportiert werde«. In dieselbe Kerbe wie Buchholz schlug auch das CDU-Kreistagsmitglied Theodor Schneider. Die Braunkohlengruben »lägen vor unserer Nase und es sei nicht zu verstehen, warum es keine Möglichkeit zur Hilfe gebe«, argumentierte Schneider. »[D]ie Bevölkerung benötige die Zuteilung von Brennstoff in Form von Briketts« schon deshalb, weil es im Siegkreis nur wenige Öfen gebe, die sich mit Holz befeuern ließen.[55] Im Honnefer Stadtrat verlangte Liebig im Oktober 1946, dass »man mehr Kohle im Lande lassen [und] nicht zu viel ausführen [sollte], damit die ausgehungerten Menschen sich wärmen und ihre kärgliche Mahlzeit bereiten können, damit die Produktion besser funktioniert, Haushaltungs- und sonstige für das tägliche Leben notwendige Gegenstände hergestellt werden können und keine Arbeitskräfte mehr brachliegen, damit mehr Düngemittel produziert werden können und so weiter«.[56]

Die Politiker im Siegkreis, die Kritik an der Kohlenausfuhr übten, nahmen offensichtlich nicht zur Kenntnis, dass Deutschland, das im Zweiten Weltkrieg viele europäische Staaten wirtschaftlich erbarmungslos ausgeplündert hatte, aufgrund des Potsdamer Abkommens gegenüber den Siegerstaaten und anderen berechtigten Ländern reparationspflichtig war.[57] Schon auf der Konferenz von Jalta hatten die USA, die Sowjetunion und Großbritannien im Februar 1945 ihre »Entschlossenheit« bekundet, »für die von den Deutschen angerichteten Zerstörungen Schadenersatz in Gestalt von Sachleistungen einzutreiben«.[58] Auch kann keine Rede davon sein, dass »zu viel« Kohle ausgeführt wurde. 1946 wurden in Westdeutschland (ohne das Saarland) 54 Millionen Tonnen Steinkohle gefördert; davon gingen nur 6,7 Millionen Tonnen nach Frankreich und in die Benelux-Länder. Ein Jahr später lag die Förderung bei 71 Millionen Tonnen und die Ausfuhr in die westlichen Nachbarländer sank auf 5 Millionen Tonnen.[59] Dagegen hatte Deutschland 1943/44 rund 30 Prozent seines Kohleverbrauchs aus den besetzten Gebieten gedeckt.[60]

Die Krise der Brennstoffversorgung im Winter 1946/47 wurde durch eine extreme und lang anhaltende Kälteperiode verschärft, die im Siegkreis von Mitte Dezember bis Mitte März dauerte.[61] Immerhin erhielten die Schulen im Siegkreis in dieser Zeit »fast ausnahmslos« Heizmaterial, so dass der Unterricht nur an wenigen Schulen für kurze Zeit ausfiel.[62]

Im Winter 1947/48 war die Brennstoffversorgung im Siegkreis aufgrund von Kohlezuteilungen über 31.600 Tonnen, aber vor allem wegen der milden Witterung »wesentlich besser« als im vorangegangenen Winter. Die Kohlelieferungen an die Privathaushalte beendeten auch den »Raubbau in den Waldungen, der beim Fortbestehen in wenigen Jahren zu einer völligen Vernichtung der Waldbestände geführt hätte«.[63] Im Winter 1948/49 machte die Hausbrandversorgung weitere Fortschritte.[64] Die Zeit der Brennstoffnot, die vor allem im strengen Winter 1946/47 die Bevölkerung des Siegkreises hart getroffen hatte, war endgültig vorüber.

ÜBRIGE BEDARFSARTIKEL

Zur wachsenden Verbitterung der Siegburger Bevölkerung waren bereits in den letzten Kriegsmonaten keine Schuhe mehr für Erwachsene und Kinder erhältlich. Es fehlten auch Spinnstoffe zur Herstellung von Textilien, berichtete Bürgermeister Eickhoff im Januar 1945.[65] Selbst an Särgen bestand in der Kreisstadt seit Ende 1944 »ein besonders großer Mangel [...]. Die Sarghändler der Stadt, die auch einen Teil des übrigen Kreises mitzuversorgen haben, sind vollkommen ausverkauft. Gegebenenfalls muss auf die vorhandene eiserne Reserve (Katastrophensärge) zurückgegriffen werden«, forderte deshalb Landrat Weisheit.[66]

Nach Kriegsende war die Versorgung der Bevölkerung des Siegkreises mit allen übrigen Artikeln des täglichen Bedarfs ähnlich schlecht wie bei Nahrungsmitteln und Brennstoffen. Im Kreisverwaltungsbericht für 1945 hieß es hierzu:

»Die Versorgung der Bevölkerung mit gewerblichen Erzeugnissen, insbesondere Textilien, Schuhen, Haushaltsgeräten und so weiter, ist durch den Zusammenbruch und seine Folgen zeitweise ganz zum Erliegen gekommen. Langsam kommen [die] Industrien für diese Erzeugnisse wieder in Gang, so dass in Zukunft auch auf diesen Gebieten mit Zuteilungen, wenn auch vorerst in geringen Mengen, für besondere Notstände gerechnet werden kann.«[67]

Im Oktober 1945 ordnete das Hauptquartier der britischen Militärregierung in der gesamten Nord-Rheinprovinz eine Kleidersammlung an, die dazu dienen sollte, ehemalige Zwangsarbeiter, die noch auf die Rückkehr in ihre Heimatländer warteten, entlassene deutsche Kriegsgefangene, Flüchtlinge und Vertriebene aus den Ostgebieten und andere hilfsbedürftige Personen für den Winter mit Kleidung und Schlafdecken auszustatten. Eine Militärkommission werde darauf achten, »dass nur gebrauchsfähige Sachen in sauberem Zustand abgeliefert werden. Schlechte Waren würden zurückgewiesen und müssten durch bessere ersetzt werden«, teilte der Militärgouverneur den Bürgermeistern vor Beginn der Sammlung mit, bei der dem Siegkreis nach Meinung von Landrat Clarenz ein »hohe[s] Ablieferungssoll« auferlegt wurde.[68]

In der Kreisstadt fiel das Sammelergebnis unbefriedigend aus. Bürgermeister Vogel erinnerte daraufhin die Säumigen an ihre »Pflicht zur Ablieferung der entbehrlichen Kleidungs- und Wäschestücke« und kündigte Haussammlungen an.[69] Einige Wochen später bemängelte die Militärregierung das Ergebnis der Kleidersammlung im gesamten Siegkreis und forderte die Bürgermeister auf, dafür zu sorgen, »dass das Auflagesoll, besonders in Decken, Anzügen und Skimützen, erfüllt« werde.[70] Für den Fall, dass auf freiwilligem Wege das Ablieferungssoll nicht erreicht wurde, drohte sie die zwangsweise Einziehung von Kleidungsstücken und Decken an.[71]

Die Versorgung der Bevölkerung mit Kleidern, Schuhen und Haushaltsgeräten blieb auch 1946 unzureichend. Die Bezugsscheine für diese Artikel reichten, wie Oberkreisdirektor Clarenz im November im Kreistag erklärte, bei weitem nicht aus, »um den allerdringendsten Bedarf zu decken«.[72]

Auf Initiative des Troisdorfer Gemeinderats fand in der Zeit vom 20. bis 27. Dezember

1946 in Troisdorf »eine Sammlung aller lebensnotwendigen Güter wie Kleider, Schuhe, Möbel, Lebensmittel, Brand, Geld und so weiter statt«. Das Gesammelte sollte Vertriebenen, Kriegerwitwen und -waisen sowie Kriegsversehrten zugutekommen. Die Einwohner wurden gebeten, sich in die Lage der Hilfsbedürftigen zu versetzen und nicht den Einwand zu erheben, es sei »in letzter Zeit schon oft genug gesammelt worden« und man könne nichts mehr entbehren.[73]

Die Hälfte aller Schulkinder besaß bis weit in das Jahr 1946 hinein keine ordentlichen Schuhe. Die Zuteilung von Schuhen an Schüler wurde anschließend erheblich verbessert, so dass der Schulbesuch nicht mehr an fehlenden Schuhen scheiterte. An Unterwäsche und warmer Kleidung für Schulkinder mangelte es jedoch weiterhin.[74]

Im Januar 1947 teilte die Kreisverwaltung der Militärregierung mit, dass »verschiedene Artikel wie beispielsweise Kleider, Anzüge und Mäntel in den passenden Größen nicht verfügbar seien«. Bezugsscheine für Möbel konnten in den meisten Fällen nicht eingelöst werden, weil es keine Möbel gab. Alles in allem fehlte es an vielen Gegenständen des täglichen Bedarfs, wobei die Bevölkerung die Knappheit an Wolldecken, warmer Unterwäsche und Stiefeln im strengen Winter 1946/47 besonders spürte.[75]

Im Februar 1947 klagte der Hennefer Gemeindedirektor darüber, es gebe »nicht einen einzigen Artikel des täglichen Lebensbedarfs, der flüssig zur Verfügung steht, weder eine Stecknadel noch ein Schnürriemen oder eine Streichholzschachtel ist erhältlich, ganz zu schweigen von Gegenständen größerer Art«.[76] Der Amtsdirektor von Lohmar forderte eine Erhöhung der Produktion von Näh- und Stopfgarn, weil »jeder Haushalt [...] heute bis zum äußersten die noch vorhandenen Kleider- und Wäschestücke zu erhalten« bestrebt sei.[77] Während es der Bevölkerung an den »nötigsten Gebrauchsgegenständen« fehlte, gab es nach den Beobachtungen des Siegburger Stadtdirektors gleichzeitig ein Überangebot an »kunstgewerblichen Erzeugnissen, Spielwaren« und ähnlichen nicht unbedingt notwendigen Produkten.[78] Die schlechte Versorgung mit Kleidung und anderen Bedarfsgütern des täglichen Lebens hatte ihren Grund nicht nur in der zu geringen Produktion, sondern beruhte auch darauf, dass ein Teil des Warenangebots der behördlichen Erfassung entzogen wurde.[79]

Im Rückblick auf 1947 meinte Oberkreisdirektor Clarenz, dass die am Jahresanfang mit der Vereinigung der amerikanischen und britischen Zone zur Bizone verknüpfte Hoffnung auf »eine allgemeine Besserung in der Versorgung mit Verbrauchsgütern [...] sich leider nicht erfüllt« habe. Die Zuteilungen seien weiterhin »den dringendsten Bedürfnissen der Bevölkerung in keiner Weise gerecht« geworden.[80] Ebenso wie bei der Lebensmittel- und Hausbrandversorgung brachte das Jahr 1948 auch bei den übrigen Bedarfsgütern die Wende zum Besseren.[81]

SCHWARZMARKT UND WUCHERPREISE

Schon während des Zweiten Weltkriegs war in Deutschland ein Schwarzmarkt für etliche Verbrauchsgüter entstanden, die der staatlichen Zwangsbewirtschaftung unterlagen. Trotz drakonischer Strafen gelang es dem NS-Staat nicht, den sich ausbreitenden Tausch- und Schleichhandel zu unterbinden. Je länger der Krieg dauerte, desto lebenswichtiger wurde für viele Menschen das sogenannte »Organisieren« von Lebensmitteln und Brennmaterial.[82] Es wird geschätzt, dass private Verbraucher gegen Kriegsende mindestens 10 Prozent ihres Bedarfs vom Schwarzmarkt bezogen haben.[83]

Nach dem Zusammenbruch des NS-Regimes nahm die illegale Tausch- und Schattenwirtschaft noch größere Ausmaße an. Auf dem Schwarzmarkt war nun nahezu alles erhältlich, weil Produzenten und Händler einen Teil der zwangsbewirtschafteten Waren dem Zuteilungssystem vorenthielten und stattdessen zu stark überhöhten Preisen oder für sie sehr günstigen Tauschwerten »schwarz«, d. h. illegal verkauften.

Die amerikanische Militärregierung im Siegkreis verlangte im Mai 1945, »dass die Preisprüfung und Preisüberwachung energisch betrieben werde. Wucher und Schleichhandel müssten mit allen Mitteln bekämpft werden.« Die Polizei müsse unter Anwendung der weiterhin geltenden Bestimmungen aus der NS-Zeit »gegen die Schuldigen unnachsichtig Anzeige [...] erstatten«.[84] Im Juli stellte Landrat Clarenz fest:

»Die Erfassung und Ablieferung von Obst, Gemüse und Kartoffeln lassen mehr als zu wünschen übrig. Weit über die Hälfte des anfallenden Obstes und Gemüses wird unter der Hand im Schwarzhandel verkauft. Dadurch sei die Versorgung der Bevölkerung in Frage gestellt.« Notfalls müssten *»die Erzeuger [...] mit Zwangsmaßnahmen angehalten werden, ihre Produkte abzuliefern«.*[85]

Die Kreisverwaltung warf der Polizei im September vor, sie erstatte »fast überhaupt keine Anzeigen [...], obwohl der Schwarzhandel nach wie vor in voller Blüte stehe«. Der »bisherigen Polizei« wurden »Unzulänglichkeit und Unfähigkeit« attestiert.[86] Im Mai 1945 war, wie im Kapitel über die öffentliche Sicherheit noch beschrieben wird, rund ein Drittel der Polizisten im Siegkreis, weil sie mehr als nominelle NSDAP-Mitglieder gewesen waren, entlassen und durch politisch einwandfreie, aber unerfahrene Hilfspolizisten ersetzt worden. Diese Hilfspolizisten wurden seit Herbst 1945 mehr und mehr durch wieder eingestellte Polizisten aus der NS-Zeit und neu ausgebildete Polizeianwärter verdrängt.

Aber auch diese professionellen Polizisten brachten nicht viel zustande, weil dem Schwarzmarkt mit polizeilichen Mitteln nicht beizukommen war. Obwohl die Kreisverwaltung und die Gemeinden von Anfang an »der Bekämpfung des Schwarz- und Tauschhandels [...] ein besonderes Augenmerk geschenkt« haben[87], breitete sich die illegale Schattenwirtschaft immer weiter aus und erreichte, wie der Amtsdirektor von Menden im Januar 1947 berichtete, ein »verderbliche[s] Ausmaß«.[88] In seinem Monatsbericht an die Militärregierung räumte Oberkreisdirektor Clarenz im Juni 1947 ein, dass »eine wirksame Bekämpfung des Schwarzhandels« und eine »Erfassung aller zwangsbewirtschafteten Waren« bisher nicht gelungen seien.[89]

Trotz Kontrollen und empfindlicher Strafen konnten die Behörden den Schwarzmarkt und die Preistreiberei nicht wirksam eindämmen. Zwar wurden wegen Verstößen gegen Bewirtschaftungsvorschriften 1945 229, 1946 1470 und 1947 1894 Ordnungsstrafverfahren eingeleitet und 1947 Geldstrafen über insgesamt 584.000 RM verhängt, auch wurden fünf Geschäfte geschlossen und 50 weitere ganz von der Warenverteilung ausgeschlossen sowie gegen 105 Läden zeitlich befristete Bezugsscheinsperren ausgesprochen, doch war sich die Kreisverwaltung bewusst, dass ihre Sanktionen nicht viel ausrichteten, »solange die große Not besteht und keine energischen einheitlichen Maßnahmen gegen den Schwarzhandel und das Schiebertum ergriffen« wurden.[90]

Mit den sozialen Auswirkungen der Schattenwirtschaft befasste sich die Oberpleiser Amtsbürgermeisterin Elisabeth Vurthmann (CDU) im November 1947. Sie erklärte in der Amtsvertretung, »dass etwa ein Zehntel [der Bevölkerung] heute besser und reicher lebt als je zuvor. Etwa 40 Prozent leben vom Tausch, soweit sie etwas zu tauschen und zu kompensieren haben; der Rest verelendet und geht allmählich zu Grunde.«[91]

Nach der Einführung der Deutschen Mark am 20. Juni 1948 brach der Schwarzmarkt nicht über Nacht in sich zusammen. In der ersten Zeit nach der Währungsreform habe es so ausgesehen, schrieb die Kreisverwaltung im Entwurf ihres Tätigkeitsberichts für 1948, »als ob der Schwarzhandel nachlassen würde. Das war jedoch eine Täuschung«, denn schon nach »einigen Wochen trat er zunächst in einem kleinen Rahmen wieder in Erscheinung, nahm dann zu« und erreichte Anfang 1949 »fast schon wieder das frühere Ausmaß«. Die Kreisverwaltung rechnete aber damit, dass sich der Schwarzmarkt durch eine verstärkte Preisüberwachung, wozu das neue »Preistreibereigesetz« die rechtliche Handhabe bot, wirksam bekämpfen ließ.[92]

GESUNDHEITSZUSTAND

In Siegburg brach die zentrale Wasserversorgung am 6. März 1945 zusammen.[93] Es ist anzunehmen, dass auch in anderen Gemeinden des Siegkreises die Anlagen der zentralen Wasserversorgung und Abwasserbeseitigung, soweit sie überhaupt vorhanden waren, in den letzten Kriegsmonaten in Mitleidenschaft gezogen worden sind. Unsauberes Wasser, Fäkalien, die in den zerborstenen Abwasserkanälen nicht mehr abfließen konnten, und der sich auf vielen Trümmergrundstücken anhäufende Müll boten günstige Voraussetzungen für die Ausbreitung von Infektionskrankheiten. In Siegburg war seit Anfang April 1945 »eine größere Zahl von Personen an Typhus erkrankt«. In Honnef litten »zahlreiche Personen an Paratyphus«, einer abgeschwächten Form des Typhus. Kreisarzt Dr. Bange vermutete, dass die Ausbreitung des Typhus in Siegburg auf der mangelhaften Wasserversorgung beruhte.[94] In Siegburg wurde die zentrale Wasserversorgung aber schon am 1. Mai 1945 wieder in Betrieb genommen.[95] Ob zu diesem frühen Zeitpunkt auch schon die Abwasserkanäle in den zerstörten Straßenzügen der Innenstadt wieder repariert waren, ist nicht bekannt, erscheint aber zweifelhaft. Doch Ende 1945 funktionierten die öffentlichen Versorgungseinrichtungen im Kreisgebiet wieder verhältnismäßig störungsfrei.[96]

In einer Dienstbesprechung im Juni 1945 informierte ein Vertreter der amerikanischen Militärregierung die Bürgermeister darüber, dass »in vielen Orten des Siegkreises [...] Typhus ausgebrochen [sei]. Um eine Weiterverbreitung dieser schlimmen Seuche zu verhüten, müssten unter Umständen ganze Ortschaften gesperrt werden. Falls eine solche Sperre notwendig wäre, würden die zuständigen Bürgermeister sofort durch Kurier entsprechend unterrichtet."⁹⁷ Erst Ende Juni wurde eine von der amerikanischen Militärregierung bei der Einnahme der Kreisstadt über das Zuchthaus Siegburg verhängte Quarantäne wegen einer Fleckfieberepidemie aufgehoben, die im November 1944 ausgebrochen war. Zwischen dem 1. Januar und 26. Juni 1945 erkrankten in der Siegburger Strafanstalt über 1200 Gefangene an Fleckfieber, 303 von ihnen starben.⁹⁸

Ebenso wie die amerikanische legte auch die britische Militärregierung großen Wert auf eine weitere Verbesserung der hygienischen Verhältnisse im Siegkreis. Sie verlangte zunächst, wie Kreisarzt Dr. Ahles den Bürgermeistern Anfang Juli 1945 mitteilte, »dass als vorläufige Maßnahme zur Verhütung von Seuchen der noch vielerorts lagernde Schutt und Unrat sowie tote Tierkadaver beseitigt werden« müssten.⁹⁹ Diese Maßnahmen und die Überweisung von an Typhus Erkrankten »aus den Seuchenorten in eine Isolierstation«¹⁰⁰ trugen wesentlich dazu bei, dass diese durch mit Fäkalien verschmutztes Wasser oder verunreinigte Lebensmittel übertragende Infektionskrankheit sich im Sommer 1945 auf dem Rückzug befand. Auch in den folgenden Monaten traten im Kreisgebiet »keine größeren Epidemien« mehr auf.¹⁰¹ Um eine erneute Entstehung von Seuchen zu verhindern, ordnete die Militärregierung im Juni 1946 an, dass das Trinkwasser aus den Wasserwerken gechlort und chemisch-bakteriologisch untersucht werden müsse.¹⁰²

In einer Dienstversammlung der Bürgermeister Anfang Oktober 1945 teilte der Kreisarzt mit, dass auf Anweisung der Militärregierung das aus der NS-Zeit stammende Gesetz über die Sterilisation weiterhin gelte, Zwangssterilisationen aber verboten seien. Auch das Ehegesundheitsgesetz sei bisher nicht aufgehoben worden, jedoch dürfe bei seiner Anwendung kein Zwang mehr ausgeübt werden.¹⁰³

Den gesundheitlichen Zustand der Bevölkerung beurteilte die Kreisverwaltung Anfang 1946 »trotz der vielen Entbehrungen« insgesamt als »relativ gut«.¹⁰⁴ Im Vorfeld der bald darauf beginnenden Zuweisung größerer Flüchtlingskontingente forderten die Militärregierung und das Kreisgesundheitsamt die Gemeinden auf, zusätzliche Krankenhäuser einzurichten. Abgesehen von dem durch einen Bombentreffer völlig zerstörten Gemeindekrankenhaus in Eitorf waren die Kriegsschäden an den übrigen Krankenanstalten im Siegkreis Anfang 1946 soweit behoben, »dass sie fast alle wieder voll betriebsfähig« waren. Insgesamt gab es im Kreisgebiet 23 Krankenanstalten.¹⁰⁵ Doch zeigte sich kurz darauf bei der Zuweisung von obdachlosen Einwohnern aus Köln in den Siegkreis, dass die vorhandenen Krankenhäuser und Altersheime zur Aufnahme von Kranken bzw. gebrechlichen Personen nicht ausreichten. Sämtliche Einrichtungen waren überfüllt. Auch fehlten Isolieranstalten.¹⁰⁶

Wenngleich die Lebensmittelversorgung, wie geschildert, auch 1947 schlecht blieb, stufte der Verwaltungsbericht des Siegkreises den Gesundheitszustand der Bevölkerung erneut als »relativ gut« ein. Gegenüber 1946 ging die Zahl der gemeldeten ansteckenden Krankheiten etwas zurück. Aber die Zahl der »Erkrankungen an Typhus und Paratyphus« war »noch verhältnismäßig hoch«. Sieben Personen starben 1947 im Siegkreis an Typhus.¹⁰⁷ Diese unbefriedigende Situation hatte ihren

Grund auch darin, dass die Sauberkeit in vielen Wohnungen noch zu wünschen übrig ließ. Zudem wiesen zahlreiche Abort- und Abwasseranlagen ernste Mängel auf, was sich ebenfalls »auf den Gesundheitszustand sehr nachteilig auswirkt[e]«. »Groß ist die Zahl der Geschlechtskranken«, meldete der Kreisverwaltungsbericht für 1947 weiter.[108] Anders als bei den übrigen meldepflichtigen Krankheiten ging die Zahl der Geschlechtskranken auch 1948 im Siegkreis nicht zurück.[109] In Troisdorf, das 1946 rund 12.000 Einwohner zählte[110], behandelte das Kreisgesundheitsamt 1948 38 Frauen und 32 Männer wegen Geschlechtskrankheiten. Fachleute hätten ihm gesagt, erklärte der Troisdorfer Bürgermeister Wilhelm Hamacher in einer Gemeinderatssitzung Anfang 1949, »dass diese Zahlen verhältnismäßig nicht von Großstädten wie Hamburg und Köln erreicht würden«. Doch Troisdorf war kein Einzelfall im Siegkreis, denn laut Hamacher lag in »den Dörfern der Umgebung« die Zahl der Geschlechtskranken »ähnlich« hoch. Die Ausbreitung von Geschlechtskrankheiten und die »erschreckend hoch« liegende »Zahl der nicht gemeldeten, durch Ärzte und Hebammen festgestellten Fehlgeburten« führte Hamacher auf die »katastrophale Wohnungsnot« zurück. Vor Weihnachten 1948 nahm die Polizei in Troisdorf vier Abtreiberinnen fest. 38 Frauen waren »in diese Sache [...] verwickelt« und wurden verdächtigt, abgetrieben zu haben. »Seine großen Bedenken in biologischer und sittlicher Beziehung« stützte der Troisdorfer Bürgermeister auch darauf, dass »die Zahl der Ehescheidungen und der Fälle von getrennt lebenden Ehepaaren« in Troisdorf »nicht weniger als 7 Prozent« betrug.[111] Diese Zahl war vergleichsweise niedrig. Im Jahre 1950 wurden im gesamten Bundesgebiet 16 von 100 Ehen geschieden.[112]

Anmerkungen:

1 Zit. n. Roggendorf: Letzte Monte, S. 140.
2 Schr. BM an LR 28.4.1945, in: ARSK LSK 3320, Bl. 45ff.
3 Niederschr. BMDV 7.5.1945, in: ARSK SK 384, Bl. 2.
4 ARSK SK 59, Bl. 1ff.
5 VB SK 1945, in: ebd., Bl. 58ff.
6 Buchheim: Mythos, S. 304.
7 Niederschr. BMDV 20.8.1945, in: ARSK SK 384, Bl. 46f.
8 Niederschr. BMDV 9.7.1945, in: ARSK SK 384, Bl. 24ff.
9 Niederschr. BMDV 20.8.1945, in: ebd., Bl. 46f.
10 ARSK SK 59, Bl. 1ff.
11 VB SK 1945 in: ebd., Bl. 58ff.; Schr. BM Uckerath an LR 28.4.1945, in: ARSK LSK 3320, Bl. 45ff.
12 Niederschr. Sitzung StV Sbg 20.6.1947, in: ARSK SK 206, Bl. 54ff.
13 Evans: Drittes Reich, Bd. III, S. 432.
14 *Der Siegkreis. Verordnungen und Mitteilungen der Behörden im Siegkreis. Amtlicher Anzeiger* v. 16.2.1946.
15 AA SK 23.2.1946.
16 Niederschr. BMDV 1.10.1945, in: ARSK SK 384, Bl. 58f.
17 Niederschr. BMDV 15.10.1945, in: ebd., Bl. 60ff.
18 Bericht Kreisbauamt 25.1.1946, in: ARSK SK 59, Bl. 35f.
19 *Kölnischer Kurier* 5.2.1946.
20 Niederschr. BMDV 8.4.1946, in: ARSK SK 384, Bl. 89ff.
21 Niederschr. Sitzung StV Honnef 2.10.1946, in: ARSK SK 190, Bl. 12ff.
22 ARSK SK 1, Bl. 137ff.
23 ARSK SK 2170, Bl. 93.
24 AA SK 13.7.1946.
25 Bericht Kreisschulrat 23.12.1946, in: ARSK SK 2170, Bl. 98.
26 VB SK 1947, in: ARSK SK 2188, Bl. 15f.
27 Zit. n. Korte: Ernährungslage, S. 55.
28 ARSK SK 2187, Bl. 68.
29 ARSK SK 1, Bl. 153ff.
30 Paul: Landesverfassung, S. 21; vgl. auch Klefisch: Ernährungslage, S. 130.
31 AA SK 18.1.1947; vgl. auch Korte: Ernährungslage, S. 43.
32 Schr. BM Sieglar an OKD 30.5.1947, in: ebd., Bl. 47.
33 Aktennotiz OKD 30.6.1947, in: ebd., Bl. 49.
34 AA SK 12.7.1947.
35 AA SK 10.1.1948.
36 Schr. Vorstand FDP-Kreisgruppe Sieg an FDP-Kreistagsmitglied Karl Zell 1.7.1947, in: ARSK SK 2187, Bl. 86.
37 Erklärung CDU-Fraktion 21.7.1947, in: ebd., Bl. 105ff.

38 AA SK 5.7.1947.
39 ARSK SK 59, Bl. 185ff.
40 AA SK 16.2.1946.
41 AA SK 16.2.1946.
42 Bericht an LR 20.2.1945, in: ARSK LSK 3319, Bl. 19ff.
43 Ebd.; AA SK 16.2.1946.
44 Zit. n. Roggendorf: Letzte Monate, S. 140.
45 AA SK 16.2.1946.
46 Niederschr. BMDV 18.6.1945, in: ARSK SK 384, Bl. 14ff.
47 VB SK 1945, in: ARSK SK 59, Bl. 58ff.
48 Niederschr. BMDV 7.5.1945, in: ARSK SK 384, Bl. 3.
49 Schr. an MR Köln 19.7.1946, in: ARSK SK 2, Bl. 153.
50 Schr. an MR SK 25.10.1946, in: ebd., Bl. 142.
51 Schr. 30.10.1946, in: ebd., Bl. 139.
52 ARSK SK 1, Bl. 137ff.
53 ARSK SK 1, Bl. 153ff.
54 Zit. n. Brunn/Reulecke: Nordrhein-Westfalen, S. 25.
55 ARSK SK 1, Bl. 153ff.
56 Niederschr. Sitzung StV Honnef 2.10.1946, in: ARSK SK 190, Bl. 12ff.
57 Vgl. die Bestimmungen in Artikel IV des Potsdamer Abkommens, in: Benz: Potsdam, S. 217f.
58 Zit. n. Steininger: Neues Land, S. 28.
59 Statistik der Kohlenwirtschaft e.V.: Steinkohlenförderung in den Grenzen der Bundesrepublik Deutschland, in: www.kohlenstatistik.de (8.2.2010); Milward: Reconstruction, S. 133.
60 Evans: Das Dritte Reich – Krieg, S. 432.
61 Schr. Kreiswohnungsamt an OKD 19.12.1946 u. 19.3.1947, in: ARSK SK 6, Bl. 40 u. 107; zur Kälteperiode 1946/47 im Siegkreis vgl. auch Korte: Ernährungslage, S. 54f.
62 Arbeitsberichte Kreisverw. 1946, in: ARSK SK 4724, Bl. 7.
63 VB SK für 1947, in: ARSK SK 2188, Bl. 15f.
64 Entwurf VB SK für 1948, in: ARSK SK 59, Bl. 185ff.
65 Zit. n. Roggendorf: Letzte Monate, S. 140.
66 Bericht an RP 2.12.1944, in: ARSK LSK 3318, Bl. 1.
67 ARSK SK 59, Bl. 58ff.
68 Niederschr. BMDV 15.10.1945, in: ARSK SK 384, Bl. 60ff.
69 *Kölnischer Kurier* 6.11.1945.
70 Niederschr. BMDV 10.12.1945, in: ARSK SK 384., Bl. 69ff.
71 Niederschr. BMDV 24.12.1945, in: ebd., Bl. 71f.
72 ARSK SK 1, Bl. 137ff.
73 Niederschr. Sitzung GemV Troisdorf 10.12.1946, in: ARSK SK 208, Bl. 7ff.
74 Bericht Kreisschulrat 23.12.1946, in: ARSK SK 2170, Bl. 98.
75 Schr. an MR Kreisgruppe Sieg-Aggerland 16.1.1947, in: ARSK SK 2, Bl. 130.
76 Schr. an OKD 12.2.1947, in: ARSK SK 7, Bl. 41.
77 Schr. an OKD 11.3.1947, in: ARSK SK 7, Bl. 61.
78 Schr. an OKD 14.3.1947, in: ebd., Bl. 69ff.
79 AA SK 1.11.1947.
80 VB SK 1947, in: ARSK SK 2188, Bl. 15f.
81 Entwurf VB SK 1948, in: ARSK SK 59, Bl. 185ff.
82 Bührer: Schwarzer Markt.
83 Tooze: Ökonomie der Zerstörung, S. 739.
84 Niederschr. BMDV 28.5.1945, in: ARSK SK 384, Bl. 5.
85 Niederschr. BMDV 9.7.18945, in: ebd., 24ff.
86 Niederschr. BMDV 3.9.1945, in: ebd., Bl. 50ff.
87 Bericht Kreisverw. 29.1.1946, in: ARSK SK 59, Bl. 19ff.
88 Bericht an OKD 13.1.1947, in: ARSK SK 7, Bl. 13ff.
89 Monatsbericht, Anlage J 1, Juni 1947, in: SK 6, Bl. 183.
90 VB SK 1947, in: ARSK SK 2188, Bl. 15f.
91 Niederschr. Sitzung AmtsV Oberpleis 18.11.1947, in: ARSK SK 184, Bl. 86ff.
92 Entwurf VB SK 1948, in: ARSK SK 59, Bl. 185ff.; zur Bekämpfung der »Preistreiberei« vgl. Zündorf: Marktwirtschaft, S. 76f.
93 AA SK 16.2.1946.
94 Schr. an LR 28.5.1945, in: ARSK LSK 3320, Bl. 26.
95 AA SK 16.2.1946.
96 Niederschr. BMDV 7.1.1946, in: ARSK SK 384, Bl. 72f.
97 Niederschr. BMDV 18.6.1945, in: ebd., Bl. 14ff.
98 G. Fischer: Vierziger Jahre, S. 12.
99 ARSK SK 384, Bl. 18ff. Den bisherigen Kreisarzt Dr. Bange wählte der Kreistag im November 1947 zum stellvertretenden Amtsarzt. (Bericht Kreisverw. 15.1.1948, in: ARSK SK 59, Bl. 112)
100 Niederschr. BMDV 9.7.1945, in: ARSK SK 384, Bl. 24ff.
101 Niederschr. BMDV 7.1.1946, in: ebd., Bl. 72f.
102 AA SK 29.6.1946.
103 Niederschr. BMDV 1.10.1945, in: ARSK SK 384, Bl. 58f.
104 VB SK 1945, in: ARSK SK 59, Bl. 58ff.
105 VB SK 1945, in: ARSK SK 59, Bl. 58ff.; zur Zerstörung des Eitorfer Krankenhauses vgl. Ersfeld: Kriegschronik, S. 64ff.
106 Niederschr. BMDV 4.3.1946, in: ARSK SK 384, Bl. 81f.
107 VB SK 1947, in: ARSK SK 2188, Bl. 15f.; AA SK 14.6.1947.
108 ARSK SK 2188, Bl. 15f.
109 Entwurf VB SK 1948, in: ARSK SK 59, Bl. 185ff.
110 Vgl. Stellenausschreibung, in: AA SK 29.6.1946.
111 Niederschr. Sitzung GemV Troisdorf 7.1.1949, in: ARSK SK 208, Bl. 58ff.
112 Rytlewski/Opp de Hipt: Bundesrepublik, S. 46.

WOHNUNGSMANGEL

Neben der Nahrungsmittel- und Brennstoffknappheit gehörte auch die Wohnungsnot zu den unmittelbar spürbaren Folgen des Kriegs. In der letzten Kriegsphase wurde im Siegkreis eine große Zahl von Wohnungen beschädigt oder zerstört. Zu dieser Zeit war es »nicht mehr möglich, die umfangreichen Gebäudeschäden zu beseitigen, zumal es auch immer mehr an Material und Arbeitskräften fehlte«, hieß es im Kreisverwaltungsbericht für 1945.[1] Der Siegburger Bürgermeister Eickhoff meldete im Februar 1945, dass »Dachziegel, Dachpappe, Holz, Dämm- und Sperrholzplatten, Glas und Rollglas« fehlten und dadurch »manche Wohnung, die mit geringen Mitteln erhalten werden könnte, unbewohnbar« geworden sei.[2]

Von den am 1. Januar 1939 im Siegkreis vorhandenen 43.258 Wohnungen wurden im Zweiten Weltkrieg 3.153 (– 7,3%) total zerstört, 4.127 (= 9,5%) schwer und 28.567 (= 66,0%) leicht beschädigt. Nur 7.411 (= 17,1%) aller Wohnungen blieben unbeschädigt.[3] In Siegburg wurden von den bei Kriegsbeginn gezählten 3.128 Wohnhäusern 152 (= 4,9%) völlig vernichtet, 95 (= 3,0%) zu 40 bis 60%, 134 (= 4,3%) zu 25 bis 40%, 376 (= 12,0%) zu 15 bis 25%, 757 (= 24,2%) um mehr als 15% und 650 Häuser (= 20,8%) leicht beschädigt. 964 Wohnhäuser (= 30,8%) überstanden in der Kreisstadt den Krieg unbeschädigt.[4] Im benachbarten Amt Lohmar wurden von 888 Wohnhäusern 24 (= 2,7%) völlig zerstört, 59 (= 6,6%) schwer und 186 (= 21,0%) leicht beschädigt.[5] Noch stärkere Schäden wiesen die gegen Kriegsende in der Kampfzone liegenden Dörfer im Hinterland des Siebengebirges auf. In Uckerath waren von 110 Wohnhäusern nur 2 unbeschädigt oder leicht beschädigt, 33 wurden mittelschwer und 44 schwer beschädigt. Unbewohnbar waren 11 und total zerstört 20 Häuser.[6] In der Gemeinde Ittenbach wurden von insgesamt 345 Wohnhäusern 25 (= 7,3%) total zerstört, 112 (= 32,5%) schwer und 81 (= 23,5%) leicht beschädigt. In der Nachbargemeinde Aegidienberg wurden von 218 Häusern 19 (= 8,7%) völlig zerstört, 25 (= 11,5%) schwer und 59 (= 27,1%) leicht beschädigt.[7] Auch Rosbach an der Sieg wurde durch Flieger-

Bei einem Luftangriff im Mai 1941 zerstörtes Wohnhaus in Siegburg auf dem Brückberg, im Hintergrund das Gefängnis

bomben und Granatbeschuss erheblich in Mitleidenschaft gezogen. 95 Häuser wurden total zerstört, 252 schwer und 357 leicht beschädigt.[8] Die Gesamtzahl der 1939 in Rosbach vorhandenen Wohnungen ist nicht bekannt. Wahrscheinlich sind in Rosbach nur wenige Wohnungen unbeschädigt geblieben. Hingegen fielen die Schäden in der Stadt Königswinter verhältnismäßig gering aus. Hier wurden von 761 Häusern 24 (= 3,2%) vollkommen zerstört, 102 (= 13,4%) schwer und 96 (= 12,6%) leicht beschädigt.[9] Und im benachbarten Honnef hatte »das Stadtbild [...] durch Kriegseinwirkung nicht wesentlich gelitten«.[10] Trotz dieser vergleichsweise geringen Kriegsschäden war die Abneigung gegen die Aufnahme von Flüchtlingen und Vertriebenen gerade in Honnef und Königswinter, wie noch geschildert wird, besonders deutlich ausgeprägt.

Der Mangel an Baustoffen und Arbeitskräften erschwerte nach Kriegsende die Wiederinstandsetzung beschädigter Wohnungen. In einer Besprechung der Bürgermeister Anfang Juli 1945 berichtete die Kreisverwaltung, »Dachziegel seien im Siegkreis kaum vorhanden«. Doch wollte die Dynamit AG in Troisdorf »Kunstharzplatten für Dachbekleidung« liefern.[11] Eine Woche später teilte die Kreisverwaltung den Bürgermeistern mit, angesichts fehlender Wohnungen sei »die Unterbringung der obdachlosen Einwohner [...] in allen Gemeinden sehr schwierig, besonders in Siegburg, Troisdorf, Eitorf und Uckerath«. Um die Wohnungsnot zu verringern, habe die Militärregierung erlaubt, dass auf dem Militärflughafen Hangelar stehende Baracken im Kreisgebiet als Notunterkünfte aufgestellt werden dürften. Auch die Dynamit AG stellte eine größere Anzahl Baracken zur Verfügung. Die Kreisverwaltung hoffte außerdem, »eine Million Dachziegel zu erhalten, die von stillgelegten Fabriken genommen werden könnten«.[12]

In dem bereits erwähnten Aufruf zum freiwilligen Arbeitseinsatz bei der Beseitigung von Brückentrümmern schlug Landrat Clarenz im August 1945 auch vor, Ziegelsteine, Holz, Bleche und andere Baumaterialien aus zerstörten Gebäuden zu bergen. Es gebe genügend Arbeitskräfte, die dabei helfen könnten. Die Bevölkerung im Siegkreis habe »keine Zeit zu verlieren, sondern alle Kräfte daran zu setzen, um den Wiederaufbau und die notwendigsten Voraussetzungen dazu sicherzustellen. Wenn das deutsche Volk leben will, dann müssen alle arbeiten!«, forderte Clarenz.[13]

Bald zeigte sich aber, dass nicht alle Einwohner gleichermaßen stark an der Linderung der Wohnungsnot interessiert waren. Der Baueinsatzleiter der Kreisverwaltung monierte in einer Besprechung der Bürgermeister Anfang Oktober 1945: »Immer wieder stoße man auf vorsätzlich zurückgehaltene und gehamsterte Materialbestände.«[14] Obwohl die Militärregierung bereits Mitte Juli angeordnet hatte, vorrangig müssten Wohnungen wiederhergestellt und andere Bauvorhaben deshalb zurückgestellt werden[15], waren auch danach Bauhandwerker immer noch »zum Teil mit nicht vordringlichen Aufgaben, insbesondere mit Aufräumungs- und Aufbauarbeiten in den großen Fabrikbetrieben im Siegkreis, beschäftigt«. Die Kreisverwaltung versuchte, das Arbeitsamt Siegburg dazu zu bewegen, »die vorhandenen Bauhandwerker bei der Durchführung des Sofortprogramms ›Obdach‹ zweckentsprechend« einzusetzen.[16]

In Siegburg wurden bis Februar 1946 rund 10.000 m³ Schutt weggeräumt. Auf den Straßen der Kreisstadt lagen danach aber immer noch ca. 6.000 m³ und auf den Grundstücken 34.000 m³ Schutt. Die Stadtverwaltung stellte die Enttrümmerung im Sommer 1946 aber »wegen Erschöpfung der finanziellen Mittel« ein und rief die Bevölkerung auf, »durch freiwillige Spenden« den Fortgang der Arbeiten zu finanzieren. Sie dachte dabei besonders an die »viele[n] Bürger, die sich in wirtschaftlich noch günstigen Verhältnissen befinden [und] die durch den Krieg weniger gelitten, vielleicht sogar noch verdient haben«. Der Bürgermeister und die Ratsmitglieder wollten »in den einzelnen Stadtteilen die Mitbürger aufsuchen und ihnen eine Spendenliste zur Einzeichnung vorlegen«.[17] Bis Ende 1946 wurden im Siegkreis 280.000 m³ Trümmerschutt beseitigt.[18]

Schon Anfang 1946 hatte die Bevölkerung im Siegkreis, wie Landrat Clarenz in der ersten Kreistagssitzung am 31. Januar lobte, »in anerkennenswerter Weise [...] einen großen Teil der Schäden an den Wohngebäuden beseitigt«.[19] Freilich hatte in dieser Zeit nach Beobachtungen des Kreisbauamts auch »allenthalben im Siegkreis ein wildes Bauen eingesetzt«.[20] Die Lage auf dem Wohnungsmarkt entspannte sich aber keineswegs, denn unter Berücksichtigung der seit Kriegsende von den Besatzungstruppen beschlagnahmten Wohnungen stand der Bevölkerung im Siegkreis Ende 1946 fast 30 % weniger Wohnraum als 1939 zur Verfügung.[21]

Im April 1945 wurden in Troisdorf die ersten rund 700 amerikanischen Soldaten einquartiert, wodurch etwa 250 Einwohner ihre Wohnungen räumen mussten.[22] Über die Zahl der von den Amerikanern im Kreisge-

Blick auf den Siegburger Markt 1946, die Verkehrsflächen sind vom Trümmerschutt schon längst wieder frei geräumt.

biet beschlagnahmten Häuser liegen keine weiteren Angaben vor. Die amerikanische Besatzung hat bei ihrem Abzug im Juni 1945 »fast alle requirierten Radios, Musikinstrumente und Möbel [...] auf Lastwagen verpackt und mitgenommen«. Für ihre Nachfolger, die Briten, mussten daher »neue Möbel und Einrichtungsgegenstände« bei der Bevölkerung beschafft werden.[23] Die neue Militärregierung verlangte sogleich von den Bürgermeistern, sämtliche zur Unterbringung von Besatzungsangehörigen geeigneten Gebäude und Wohnungen in Listen zu erfassen und genau zu beschreiben.[24] Wenig später machte die Kreisverwaltung die Bürgermeister darauf aufmerksam, aus der Bevölkerung kämen viele Beschwerden, weil die deutschen Polizisten »bei den Requisitionen sehr rigoros vorgehen« würden. Die Militärregierung wünsche ebenso wie der Landrat, dass die Beschlagnahmungen »möglichst schonend« vonstattengingen. Indes sei darauf zu achten, »dass die von der Militärregierung benötigten und verlangten Gegenstände sich in gutem, gebrauchsfähigem Zustand« befänden.[25]

Im Dezember 1945 wurden etwa 600 Siegburger Einwohner »äußerst kurzfristig« aufgefordert, ihre von der Besatzungsmacht beschlagnahmten Wohnungen zu räumen.[26] Ein halbes Jahr später führten weitere Wohnungsräumungen in Troisdorf zur Entlassung des dortigen Bürgermeisters. Der Militärgouverneur forderte den Oberkreisdirektor im Juli 1946 auf, den von den Amerikanern eingesetzten Troisdorfer Bürgermeister Dr. Heinrich Gummersbach unverzüglich zu entlassen, weil dieser bei der Räumung von beschlagnahmten Häusern, in die Angehörige der britischen Luftwaffe einziehen sollten, nicht behilflich gewesen sei.

Oberkreisdirektor Clarenz wurde gebeten, dem entlassenen Bürgermeister die »Unzufriedenheit« des Militärgouverneurs zu übermitteln.[27] Zum neuen Bürgermeister von Troisdorf ernannte die Militärregierung Amandus Hagen.[28]

Bis August 1946 wurden im Siegkreis 425 Wohnungen sowohl für die Angehörigen der Besatzungstruppe als auch für ehemalige Zwangsarbeiter beschlagnahmt. Davon befanden sich in Troisdorf mit ca. 165 Wohnungen die meisten. In Siegburg waren es 120, in Honnef 50, in Sieglar 40, in Königswinter 30 und in Oberkassel 20 Wohnungen.[29] In Honnef wurden bald darauf weitere 23 Häuser für Besatzungszwecke beschlagnahmt. 139 Einwohner in Honnef mussten deshalb damit rechnen, ihre beschlagnahmten Wohnungen in kürzester Zeit verlassen zu müssen. Ihre Unterbringung in andere Wohnungen gestaltete sich schwierig, weil es zu dieser Zeit in Honnef 520 Wohnungssuchende gab. Das Stadtratsmitglied Liebig, der, wie wir bereits gesehen haben, mit seiner Kritik an der Besatzung nicht hinter dem Berg hielt, griff sicherlich eine in der Bevölkerung weit verbreitete Meinung auf, als er forderte, »dass mit der Beschlagnahme von Wohnungen einmal ein Ende gemacht werden müsste«.[30] Ein Ende der Beschlagnahmungen war jedoch nicht abzusehen. Schon im Dezember 1946 wurden weitere Wohnungen in Honnef, Siegburg und Troisdorf beschlagnahmt.[31]

In der Kreisstadt folgten im März 1947 neue Beschlagnahmungen. Zu dieser Zeit waren in Siegburg angeblich 402 Wohnungseinheiten mit 1.401 Wohnräumen beschlagnahmt. Dadurch mussten 1.328 »alteingesessene Siegburger« umquartiert werden.[32]

Im April und Mai 1947 beschlagnahmte die »belgische Besatzungsbehörde« Wohnungen in Siegburg.[33] Landrat Clarenz hatte schon im Februar 1946 den Bürgermeistern mitgeteilt, bei der Militärregierung in Siegburg werde ein belgischer Offizier seinen Dienst aufnehmen,

»der die Verbindung zwischen der Militärregierung, den Besatzungstruppen und den Zivilbehörden aufrechterhalte. Befehlsgewalt und Weisungsbefugnis liegen jedoch einzig und allein bei der englischen Militärregierung. Die belgischen Ortskommandanten haben gegenüber der Zivilverwaltung keine direkte Weisungsbefugnis«.[34]

Trotzdem kursierten in der Bevölkerung Gerüchte, die Belgier würden in Kürze die Militärregierung im Siegkreis übernehmen. Diese Vermutungen wies der britische Militärgouverneur Collings im Juli 1946 gegenüber den Hauptverwaltungsbeamten der Gemeinden im Siegkreis als falsch zurück.[35] Anscheinend hegte die Bevölkerung gegen das belgische Militär noch größere Vorbehalte als gegen das britische. Der Oberkreisdirektor des benachbarten Landkreises Bonn, Dr. Karl Zengerle, schrieb im August 1947 in seinem Monatsbericht an die Militärregierung: »Bezeichnend ist die schon sprichwörtlich gewordene Redensart, dass ein belgischer Sergeant höhere Ansprüche stellt als ein britischer Stabsoffizier.«[36]

Der Siegburger Stadtrat nahm am 20. Juni 1947 eine Erklärung von Bürgermeister Heinrichs entgegen, in der dieser neben der schlechten Lebensmittelversorgung auch die »in Aussicht stehenden weiteren Beschlagnahmungen von Wohnungen« ansprach. Heinrichs wies darauf hin, dass in Siegburg bisher 428 Wohnungen mit insgesamt 2.139 Räumen beschlagnahmt worden seien. Obwohl die Bevölkerung schon jetzt unter »unerträglichen Wohnverhältnissen« leide und jeder Einwohner durchschnittlich nur noch 4,15 m^2 Wohnfläche gegenüber 10,5 m^2 im Jahre 1939 habe, plane die Militärregierung weitere Wohnungsbeschlagnahmungen in Siegburg, klagte der Bürgermeister. Wie schlecht die Wohnungssituation in Siegburg sei, zeige auch ein Vergleich mit dem gesamten Regierungsbezirk Köln, wo jeder Einwohner durchschnittlich über eine Wohnfläche von 6,2 m^2 verfüge. Die Siegburger Bevölkerung sei sich darüber im Klaren, dass die Besatzung ausreichenden Wohnraum beanspruchen könne, und verstehe auch, dass die Besatzungssoldaten mit ihren Familien zusammenleben wollten. Heinrichs fragte sich aber, ob die in Siegburg stationierten belgischen Soldaten über das Wochenende nicht nach Hause fahren könnten und sich dadurch der Zuzug von Familienangehörigen erübrige. Neue Wohnungsbeschlagnahmungen würden »unmögliche Zustände« schaffen, »die jedem Menschenrecht und jeder Menschenwürde Hohn sprechen« würden. Der Stadtrat nahm die Erklärung des Bürgermeisters »mit größtem Beifall« auf. Heinrich Olbertz, der Vorsitzende der CDU-Fraktion, schlug vor, die Ratsmitglieder sollten den Bürgermeister beauftragen, gemeinsam mit dem Stadtdirektor und den Vorsitzenden der Ratsfraktionen bei der Militärregierung nachdrücklich gegen weitere Wohnungsbeschlagnahmungen zu protestieren. Auch sollte der Bürgermeister die Landtagsabgeordneten aus dem Siegkreis und das NRW-Wiederaufbauministerium bitten, sich für den Neubau von Besatzungswohnungen in Siegburg einzusetzen. Nach Auffassung der

Christdemokraten ließ sich die Frage der Wohnungsversorgung der Besatzungstruppen nur durch den Neubau von Wohnungen lösen. Der Stadtrat nahm die von der CDU eingebrachte Entschließung einstimmig an.

In der Stadtratssitzung stellte sich aber auch heraus, dass die Stadt- und die Kreisverwaltung nicht alles taten, um die kritische Wohnungssituation in Siegburg zu entschärfen. Wilhelm Komorowski (SPD) rügte, der Neu- bzw. Wiederaufbau von »großen Geschäftshäusern« gehe weiter, obwohl es an »Wohnraum für die arbeitende Bevölkerung« fehle. Er verlangte, die Stadtverwaltung müsse »endlich mit allen ihr zu Gebote stehenden Mitteln diesen unmöglichen Zustand, für den die Bürgerschaft kein Verständnis habe, beseitigen«. Kuno Schröder (FDP) unterstützte diese Forderung. Auch er warf der Stadtverwaltung vor, sie lasse den Neubau von Geschäftshäusern zu, »während für Arbeiterwohnungen und so weiter nichts geschehe«. Stadtdirektor Dr. Anton De Visscher entgegnete, die Stadtverwaltung könne nicht über die Verteilung der Baustoffe entscheiden. Hierüber bestimme »einzig und allein das Baulenkungsamt, eine selbstherrliche[!] Dienststelle der Kreisverwaltung, die dem Oberkreisdirektor jedoch nicht unterstellt sei [...]. Es sei bezeichnend, dass das Baulenkungsamt von der Bevölkerung sogar ›Baulähmungsamt‹ genannt werde.« De Visscher versprach aber, sich dafür einzusetzen, »dass die Stadtverwaltung die Materialien unmittelbar erhält und auch selbst verteilt«. Er wolle »strengstens darüber wachen, dass Zuteilungen von Baumaterial nur noch nach sozialen Gesichtspunkten, insbesondere für die ärmeren Bevölkerungsschichten, erfolgen werden«.[37]

In der folgenden Ratssitzung am 4. Juli 1947 berichtete Bürgermeister Heinrichs über das niederschmetternde Ergebnis der Unterredung mit der Militärregierung über die Resolution des Stadtrats. Die Stadt Siegburg hatte gegenüber der Öffentlichkeit und der Militärregierung mit falschen Zahlen operiert. Der britische Militärgouverneur konnte nachweisen, dass nicht, wie von der Stadt behauptet, 2.139, sondern nur 776 Räume beschlagnahmt worden waren. Der Bürgermeister und der Stadtdirektor entschuldigten sich bei der Militärregierung und redeten sich damit heraus, sie seien »durch die falsche Statistik des Wohnungsamts irregeführt« worden. Vor allem für den Stadtdirektor als Leiter der Verwaltung war dies eine äußerst unangenehme Situation. In der Ratssitzung am 4. Juli räumte De Visscher ein, »dass das Wohnungsamt fahrlässig die Zahlen durch Schätzung« ermittelt habe. Heinrichs versuchte, die Wogen zu glätten, und erklärte, er habe »viele Beweise von Rücksichtnahme der Besatzungsbehörde« und kenne ihren »guten Willen [...], der deutschen Bevölkerung nach Möglichkeit keine unbilligen Härten aufzuerlegen«. Nur den »vereinten Bemühungen des Stadtdirektors und des Bürgermeisters« sei es zu verdanken, »die durch die unverantwortliche Arbeit des Wohnungsamts geschaffene peinliche Angelegenheit beizulegen«.[38] Am 12. Juli veröffentlichte die Stadt Siegburg eine Richtigstellung über die Zahl der beschlagnahmten Wohnungen im *Amtlichen Anzeiger des Siegkreises*. In dieser Mitteilung versprach der Militärgouverneur, sich dafür einzusetzen, dass Siegburg »soweit wie möglich« Baustoffe erhalte. Außerdem bot er der Stadtverwaltung zur Linderung der Wohnungsnot sogenannte »Nissenhütten« an.[39]

Bis März 1948 ließ die Besatzungsmacht im Siegkreis 1030 Wohnungseinheiten beschlagnahmen. Danach wurden weitere Wohnungen nur noch »in geringem Umfang« benötigt.[40] Allerdings lösten auch spätere Wohnungsbeschlagnahmen weiterhin beträchtliche Unruhe in der Bevölkerung aus, wie sich in Honnef zeigte. Im August 1948 wurde dort im Gebäude des Lyzeums St. Josef eine Schule für die Kinder belgischer Besatzungssoldaten eingerichtet. Diese Schulgründung löste eine Kettenreaktion aus, denn die bisher in der Schule einquartierten Besatzungssoldaten zogen in das sogenannte »Feuerschlösschen« in der Rommersdorfer Straße, eine rund 500 m² große Villa, um, in der Flüchtlinge wohnten. Für diese, aber auch für die an der belgischen Schule unterrichtenden Lehrer mussten neue Wohnungen in Honnef gesucht werden.[41] Anfang 1950 beschlagnahmte die Besatzungsmacht erneut Wohnungen in Honnef, wogegen der Stadtrat in schriller Tonlage protestierte. Das Vorgehen der Besatzung wurde als »grausam und unmenschlich« verurteilt. Die Stadtverwaltung wurde aufgefordert, an der Durchführung der Beschlagnahmungen nicht mitzuwirken.[42]

Zwar nahm der Wohnungsbestand im Siegkreis schon 1947 »durch die fortschreitende Beseitigung der Kriegsschäden und die Errichtung neuer Wohngebäude« wieder zu, doch verbesserte sich die Lage auf dem Wohnungsmarkt nicht. Zum einen lag dies an den Beschlagnahmungen durch die Besatzung, zum anderen am Zustrom von Flüchtlingen und Vertriebenen.

Anmerkungen:

1 ARSK SK 59, Bl. 58ff.
2 Bericht 20.2.1945, in: ARSK LSK 3319, Bl. 19ff.
3 Bericht Kreiswohnungsamt 13.1.1947, in: ARSK SK 2170, Bl. 108f. In NRW wurden fast 20% der Wohnungen total zerstört. (Müller: Wohnungsnot, S. 218).
4 Niederschr. Sitzung StV Sbg 20.6.1947, in: ARSK SK 206, Bl. 54ff.
5 Niederschr. Sitzung AmtsV Lohmar 27.2.1946, in: ARSK SK 193, Bl. 1ff.
6 Schr. BM an LR 28.4.1945, in: ARSK LSK 3320, Bl. 45ff.
7 Niederschr. Sitzung AmtsV Königswinter-Land 28.2.1946, in: ARSK SK 191, Bl. 3ff.
8 Niederschr. Sitzung AmtsV Rosbach 2.9.1949, in: ARSK SK 186, Bl. 215ff.
9 Niederschr. Sitzung AmtsV Königswinter-Land 28.2.1946, in: ARSK SK 191, Bl. 3ff.
10 Schr. BM Honnef an LR 25.4.1945, in: ARSK LSK 3320, Bl. 53f.
11 Niederschr. BMDV 9.7.1945, in: ARSK SK 384, Bl. 24ff.
12 Niederschr. BMDV 16.7.1945, in: ebd., Bl. 31ff.
13 Schr. an die BM 22.8.1945, in: ARSK SK 2170, Bl. 1
14 Niederschr. BMDV 1.10.1945, in: ARSK SK 384, Bl. 58f.
15 Niederschr. BMDV 16.7.1945, in: ebd., Bl. 31ff.
16 Niederschr. BMDV 1.10.1945, in: ebd., Bl. 58f.
17 AA SK 27.7.1946.
18 Jahresbericht Kreisbauamt 23.12.1946, in: ARSK SK 2170, Bl. 95.
19 ARSK SK 59, Bl. 1ff.
20 Bericht 25.1.1946, in: ebd., Bl. 35f.
21 Arbeitsberichte Kreisverw. 1946, in: ARSK SK 4724, Bl. 9.
22 Schr. BM an LR 25.4.1945, in: ARSK LSK 3320, Bl. 67.
23 Bericht Besatzungsamt 25.1.1946, in: ARSK SK 59, Bl. 32.
24 Niederschr. BMDV 18.6.1945, in: ARSK SK 384, Bl. 14ff.
25 Niederschr. BMDV 30.7.1945, in: ebd., Bl. 40.
26 Monatsbericht OKD an MR SK Dezember 1945, Anlage L, in: ARSK SK 5, Bl. 242.

27 Schr. 8.7.1946, in: ARSK SK 1, Bl. 222.
28 Mitteilung StA Tro 30.11.2009.
29 Bericht Abt. Flüchtlingsfürsorge 23.8.1946, in: ARSK SK 4, Bl. 229.
30 Niederschr. Sitzung StV Honnef 2.10.1946, in: ARSK SK 190, Bl. 12ff.
31 Bericht Kreiswohnungsamt 19.12.1946, in: ARSK SK 6, Bl. 40.
32 Bericht Kreiswohnungsamt 19.3.1947, in: ebd., Bl. 107.
33 Berichte Kreiswohnungsamt 18.4. u. 20.5.1947, in: ebd., Bl. 129 u. 153.
34 Niederschr. BMDV 18.2.1946, in: ARSK SK 384, Bl. 78f.; zur belgischen Besatzung vgl. Brüll: Besatzungsjahre.
35 Niederschr. DV Stadt-, Amts- u. Gemeindedirektoren 22.7.1946, in: ARSK SK 384, Bl. 101ff.
36 Zit. n. Vogt: »Katastrophengesellschaft«, S. 640.
37 ARSK SK 206, Bl. 54ff.
38 Ebd., Bl. 64ff.
39 AA SK 12.7.1947. »Nissenhütten« waren Wellblechhütten mit halbrundem Dach.
40 VB SK 1947, in: ARSK SK 2188, Bl. 15f.
41 Niederschr. Sitzung StV Honnef 11.8.1948, in: ARSK SK 190, Bl. 55ff. Im September 1949 verließ die belgische Schule das Lyzeum wieder. (Geschichte der Schule St. Josef – Bad Honnef, in: www.sankt-josef-honnef.de/doc/geschichte.htm (10.5.2010)
42 Niederschr. Sitzung StV Honnef 2.1.1950, in: ARSK SK 190, Bl. 170ff.
43 VB SK 1947, in: ARSK SK 2188, Bl. 15f.

Karteikarte aus der Flüchtlingskartei mit Angabe der Unterbringung: bei Familie …

EVAKUIERTE, FLÜCHTLINGE UND VERTRIEBENE

Als die alliierten Streitkräfte auf die deutsche Westgrenze zurückten, wurden viele Einwohner aus dem linksrheinischen Gebiet zwangsevakuiert und in den ländlichen Regionen östlich des Rheins oder weiter im Landesinnern für kürzere oder längere Zeit untergebracht. Dort suchte inzwischen auch eine immer größere Zahl von Ausgebombten aus den Großstädten im Rheinland Zuflucht. Im November 1944 hielten sich im Siegkreis rund 50.000 Evakuierte und Ausgebombte auf[1]; im Februar 1945 war ihre Zahl auf 80.000 angewachsen.[2] Zu ihnen gehörten 25.000 bis 30.000 Menschen, die »aus den umliegenden Großstädten [...] in den Siegkreis geflüchtet« waren.[3] Es handelte sich um einen gewaltigen Zustrom von Menschen. Die Zahl der Einwohner des Siegkreises stieg dadurch gegenüber der Zeit bei Kriegsbeginn, als der Kreis 154.000 Einwohner hatte[4], um rund die Hälfte an.

Der Siegburger Bürgermeister Eickhoff berichtete, dass zwischen dem 18. und 24. November 1944 »rund 23.000 Flüchtlinge meist aus dem Dürener Gebiet durchgeschleust« und »in den Bezirk Halle, Merseburg und Thüringen weitergeleitet« wurden.[5] Zu dieser Zeit lebten in Siegburg rund 1.900 Ausgebombte und Evakuierte. Von ihnen stammten 800 aus Aachen und den geräumten Gebieten westlich des Rheins, 380 waren nach den jüngsten Luftangriffen auf Köln nach Siegburg geflüchtet.[6] Durch den Zuzug von Evakuierten und Ausgebombten wuchs die Bevölkerung der Stadt Siegburg 1944 um rund 3.000 Einwohner.[7] Nach Honnef, das bei Kriegsbeginn 9.250 Einwohner zählte, kamen während des Kriegs 2.685 Bombengeschädigte und Evakuierte.[8] In das aus sechs Gemeinden bestehende Amt Lohmar, das vor Kriegsbeginn 4.211 Einwohner besaß, kamen im Krieg 1.480 Fliegergeschädigte.[9] Zu den Menschen, die im Siegkreis vorübergehend eine Bleibe fanden, gehörten auch Familienangehörige von Heinrich Böll aus Köln, die mit sechs Erwachsenen und drei Kindern im Winter 1944/45 in einem Behelfsheim in Marienfeld bei Much wohnten.[10] In der Gemeinde Much lebten im Mai 1945 über 4.000 Evakuierte und Ausgebombte.[11] In der Gemeinde Uckerath waren bei Kriegsende 2.000 der 5.000 Einwohner Evakuierte und Fliegergeschädigte.[12]

In der letzten Kriegsphase wurde die Situation noch durch die vielen von der Westfront zurückflutenden Wehrmachtssoldaten verschärft. Die Bevölkerung im Amt Menden nahm lieber Evakuierte und Ausgebombte als deutsche Soldaten auf, weil die Evakuierten »mit Lebensmitteln noch für längere Zeit reichlich versorgt« waren. Dagegen war »ein Teil der von der Westfront kommenden Soldaten verlaust [...] und [hatte] häufig keine Verpflegung«.[13]

Anfang Mai 1945 erlaubte die amerikanische Militärregierung im Siegkreis den aus den linksrheinischen Gebieten evakuierten Bauern und ihren Angehörigen, wieder auf ihre Höfe zurückzukehren.[14] Die hauptsächlich aus den Kreisen Düren, Jülich und Schleiden evakuierten Landwirte drängten auf ihre Rückkehr, damit sie ihre brachliegenden Felder wieder bearbeiten konnten.[15] Allein aus der Gemeinde Much kehrten daraufhin rund 1000 Landwirte in ihre linksrheinische Heimat zurück.[16] Die Zahl der Rückkehrer nach Köln, das nur noch ein Trümmerfeld war, beschränkte die Militärregierung vorerst auf eine Person pro Bürgermeisterei und Tag. »Personen, die innerhalb des Siegkreises Land bewirtschaften und sich selbst ernähren können, dürften nicht zurückgeführt werden. Köln sei total zerstört; wer im Siegkreis ein Heim habe, müsse im eigenen Interesse hier bleiben«, verfügte der amerikanische Militärgouverneur.[17]

Im August 1945 bereitete der britische Militärgouverneur die Bürgermeister darauf vor, »dass der Siegkreis in nächster Zeit eine größere Anzahl von fliegergeschädigten und obdachlosen Personen aus Köln aufnehmen müsse. Die Wohnungsnot zwinge zu sehr einschneidenden Maßnahmen. Für jede Person könne nur ein Wohnraum von etwa 10,2 m² zugebilligt werden.« Die Bürgermeister wurden angehalten, »die obdachlosen Familien noch rechtzeitig vor dem Winter unterzubringen. Zu diesem Zweck soll in erster Linie auf leer stehende Fabrikgebäude und sonstige geeignete Räume und Schuppen zurückgegriffen werden.«[18]

In einem ersten Schritt sollten rund 1000 obdachlose Kölner Einwohner im Siegkreis untergebracht werden.[19] Angesichts der Wohnungsnot forderte die Militärregierung die Kreisverwaltung auf, den Bau von Notunterkünften vor allen anderen Bauvorhaben auszuführen, »um die obdachlosen Einwohner vor dem Winter menschenwürdig unterzubringen«.[20] Neuer Wohnraum könne auch durch die Aufteilung von Wohnungen geschaffen werden. Die Bürgermeister sollten »bei der Wohnraumerfassung einen strengen Maßstab anlegen, damit möglichst viele Wohnungen freigemacht« würden. Die ehemaligen »politischen Gefangenen, die Evakuierten und die zurückkehrenden deutschen Kriegsgefangenen« seien bei der Versorgung mit Wohnraum »vordringlich« zu berücksichtigen, schärfte der Militärgouverneur den Bürgermeistern ein.[21] Anschließende Kontrollen ergaben, dass »viele Wohnungen noch nicht ausreichend belegt« waren.[22]

Im November 1945 unterrichtete Landrat Clarenz die Bürgermeister darüber, dass der Siegkreis nach dem Willen der Besatzungsmächte »40.000 bis 45.000 evakuierte Personen aus der französischen und amerikanischen Zone« aufnehmen müsse.[23] Es handelte sich um Menschen, die während des Kriegs aus der Nord-Rheinprovinz in Gebiete evakuiert worden waren, die nun in der amerikanischen oder französischen Besatzungszone lagen. Diese Personen sollten vorerst in den ländlichen Regionen der Nord-Rheinprovinz untergebracht werden, weil die Städte, in die sie eigentlich zurückkehren sollten, noch weitgehend zerstört waren. Insgesamt sollten rund 140.000 Evakuierte aus der amerikanischen und französischen Zone in die Nord-Rheinprovinz »zurückgeführt« werden. Für sie wurde in Wipperfürth ein zentrales Auffanglager eingerichtet, das auch als Durchgangslager für Personen diente, die aus der Nord-Rheinprovinz in die französische und amerikanische Zone abgeschoben werden sollten.[24]

Ende 1945 lebten im Siegkreis 179.688 Einwohner.[25] Nach den Vorstellungen der Alliierten sollte die Bevölkerung des Siegkreises durch die geplante Zuweisung von Evakuierten in nächster Zeit um rund ein Viertel wachsen. Landrat Clarenz und seine Kollegen aus dem benachbarten Rheinisch-Bergischen und Oberbergischen Kreis, die den übrigen Teil der »Rheinlandrückkehrer« aufnehmen sollten, versuchten, diesen großen Bevölkerungszustrom abzuwenden und wiesen den Oberpräsidenten der Nord-Rheinprovinz in einer Besprechung auf die ihrer Meinung nach »katastrophalen Folgen« der vorgesehenen Zuweisung hin. Ein an dem Gespräch teilnehmender Vertreter der Militärregierung ließ jedoch nicht mit sich verhandeln, berichtete Clarenz später in einer Sitzung der Lohmarer Amtsvertretung.[26]

Bei der Aufnahme einer so großen Zahl von Menschen handelte es sich nach Meinung des Landrats um die »schwierigste Aufgabe«, der sich die Kreisverwaltung nach Kriegsende gegenübergestellt sah. »Schon die Unterbringung und Versorgung der normalen Bevölkerung des Kreises erfordere größte Anstrengungen der Verwaltung. Die Ankunft dieser vielen Tausenden von Flüchtlingen mache diese Frage zu einem beinahe unlösbaren Problem«. Die Kreisverwaltung werde diese Herausforderung aber meistern, versicherte Clarenz.[27]

Ende 1945 wurde in Troisdorf ein zentrales Aufnahme- und Durchgangslager für den Siegkreis eingerichtet, das täglich 1.500 Flüchtlinge aufnehmen, verpflegen und ärztlich betreuen konnte. Das Lager befand sich auf dem Betriebsgelände der Klöckner-Werke, eines großen Stahlunternehmens, das seinen Betrieb noch nicht wieder aufgenommen hatte. »Lagerleiter« war der frühere Troisdorfer Bürgermeister und spätere Gemeindedirektor Matthias Langen. Bei einer Besichtigung mit Vertretern der freien Wohlfahrtsverbände wies Langen auf den Modellcharakter des großen Flüchtlingslagers Wipperfürth für die Troisdorfer Einrichtung hin. Die Flüchtlingsunterkünfte befanden sich in verschiedenen mehrgeschossigen Fabrikgebäuden, die zwar durch Kriegseinwirkungen und Plünderungen beschädigt, aber in nur zwei Wochen für ihren neuen Zweck wieder instand gesetzt worden waren. Im früheren Sanitätsbunker der Fabrik wurde eine Krankenstation mit 30 Betten eingerichtet. Die Werkskantine diente als Großküche zur Verpflegung der Flüchtlinge.[28] Ein Teil der später aufgenommenen Flüchtlinge wurde auch in den Baracken eines früheren Zwangsarbeiterlagers untergebracht, das sich auf dem Gelände der Klöckner-Werke befunden hatte.[29] Das Flüchtlingslager in Troisdorf wurde im Dezember 1947 aufgelöst.[30]

Zunächst rechnete die Kreisverwaltung mit der Ankunft von täglich 500 Personen, die nach spätestens zweitägigem Aufenthalt auf die einzelnen Gemeinden im Siegkreis verteilt werden sollten. Für den Weitertransport standen zwei Busse zur Verfügung. Landrat Clarenz wies die Bürgermeister an, Privat- und Gemeinschaftsunterkünfte zur Aufnahme der Flüchtlinge bereitzuhalten. In jeder Gemeinde sollte eine Aufnahmekommission gebildet werden, »die die Flüchtlinge empfängt, sie zu ihren Unterkünften begleitet und sich auch weiterhin um sie kümmert«. Auf Ortsebene waren allerdings manche Widerstände zu überwinden. Der Leiter des Kreiswohnungsamts beobachtete schon vor Beginn der Flüchtlingszuweisungen, »dass verschiedene Gemeinden sich prinzipiell weigerten, Fremde aufzunehmen und diese isolierten«.[31]

Bei den Menschen, die der Siegkreis Ende 1945 aufnehmen sollte, handelte es sich nicht nur um »Rheinlandrückkehrer«. Es war von Anfang an klar, dass sich unter ihnen auch Flüchtlinge und Vertriebene aus den Ostgebieten befinden würden, denn der Oberpräsident der Nord-Rheinprovinz verlangte, wie Clarenz in der Dienstversammlung der Bürgermeister am 26. November ausführte, dass die »Flüchtlinge aus dem Osten mit allen Mitteln untergebracht werden müssten. Wenn sie nicht bei Verwandten oder Freunden unterkommen könnten, sollten sie zumindest vorübergehend untergebracht werden.« Kein Bürgermeister dürfe »Flüchtlingen die Aufenthaltserlaubnis oder Essensmarken [...] verweigern«.[32] Die Kreisverwaltung sprach im Untersuchungszeitraum durchweg noch nicht von »Vertriebenen«, sondern von »Ostflüchtlingen« oder »Flüchtlingen aus dem Osten«.[33]

Zwei Wochen später teilte der Landrat den Bürgermeistern mit, die »Flüchtlingsaktion« sei auf das kommende Frühjahr 1946 verschoben worden, weil im Sammellager Siegen erst wenige Flüchtlinge eingetroffen seien und sich ihre Verteilung auf die einzelnen Kreise noch nicht lohne.[34] Am 21. Dezember 1945 traf dann aber doch schon ein erster kleinerer Flüchtlingstransport mit 92 Personen aus dem in der amerikanischen Zone liegenden Sammellager Marburg im Siegkreis ein. Die meisten dieser Flüchtlinge waren nach den Worten des Landrats »verhältnismäßig gut mit Wäsche und Kleidern versorgt«. Nach kurzem Aufenthalt im Durchgangslager Troisdorf, wo sich die Flüchtlinge sehr zufrieden über ihre Aufnahme und Betreuung geäußert haben sollen, wurden sie »in kleinen Trupps in die verschiedenen Bürgermeistereien des Kreises zur Unterbringung in Privatquartieren weiter befördert«.[35]

Die Zeit bis zum Eintreffen der ersten größeren Flüchtlingstransporte wollte die britische Militärregierung nutzen, um Kölner Einwohner, die in Bunkern und Kellern hausten, im Umland unterzubringen. 7.000 dieser aus Köln ausgewiesenen Personen sollte der Siegkreis aufnehmen. Am 19. Januar 1946 traf bei »grimmige[r] Kälte« der erste Transport mit 300 Personen in einem Güterzug aus Köln-Deutz im Durchgangslager Troisdorf ein[36], die vor ihrer Abfahrt in der Gaststätte »Heidelberger Faß« gegenüber dem Deutzer Bahnhof eine warme Suppe und Wurstbrote erhalten hatten[37]. Obwohl der Siegkreis Ende Februar 1946 erst 2.500 Evakuierte aus Köln aufgenommen hatte, wurde immer häufiger über sie geklagt. Auch der Landrat hielt die Beschwerden für berechtigt. Die Evakuierten aus Köln sind »für uns wirklich eine große Belastung«, erklärte er in einer Sitzung der Amtsvertretung Lohmar. In Verhandlungen mit dem Regierungspräsidenten erreichte Clarenz, »dass die Kölner nun erst in den anderen Kreisen untergebracht werden«.[38] Die eigentlich für den Siegkreis bestimmten Evakuierten aus Köln wurden nun mit Zustimmung der Militärregierung in den Rheinisch-Bergischen Kreis und den Landkreis Köln gebracht.[39]

Der Landrat war sich aber bewusst, dass das Ende der Zuweisung von Evakuierten aus Köln nur eine »Atempause« darstellte und »bestimmt damit zu rechnen [sei], dass in nächster Zeit Tausende von Flüchtlingen aus dem Osten sowie aus der französisch und amerikanisch besetzten Zone im Siegkreis aufgenommen werden müssen«.⁴⁰ Die Bevölkerung sollte über Bekanntmachungen, die Presse und die Ortsgeistlichen auf den zu erwartenden großen Zustrom von Flüchtlingen vorbereitet und zur Hilfe aufgefordert werden.⁴¹

Bereits die Aufnahme der Evakuierten aus Köln und der ersten Flüchtlinge in den Gemeinden und Ämtern des Siegkreises fiel nicht immer zufrieden stellend aus. Die Stadt Königswinter brachte sie in Sälen unter, was nach Ansicht der Kreisverwaltung »auf die Dauer untragbar« war. In der Gemeinde Mondorf (Amt Niederkassel) wurden Flüchtlinge in Schulen untergebracht. Dies hielt die Kreisverwaltung erst dann für statthaft, »wenn sämtliche Privatquartiere wirklich belegt sind«. Auch in den Ämtern Oberpleis, Lauthausen und Niederkassel war »nicht der notwendige gute Wille innerhalb der Bevölkerung vorhanden«. Der Leiter der Flüchtlingsfürsorge bei der Kreisverwaltung kündigte an, sich »in nächster Zeit persönlich um die Unterbringung der Evakuierten [zu] kümmern«.⁴² Im März 1946 hielten sich im Siegkreis 6.227 Evakuierte und Flüchtlinge auf, die ihm seit Kriegsende zugewiesen worden waren.⁴³

Wie die Bürgermeister Anfang März erfuhren, beabsichtigte die britische Militärregierung, dem Siegkreis »in nächster Zeit 28.000 Flüchtlinge aus Neu-Polen« zuzuweisen. Bei diesen Flüchtlingen handelte es sich »hauptsächlich um Bauernfamilien aus Schlesien, West- und Ostpreußen, die sich zurzeit an der Grenze Polens in großen Sammellagern befinden«. Die Kreisverwaltung rechnete damit, »dass durch die großen Entbehrungen viele dieser Menschen unterernährt und krank sind«. »Besonders schwierig« werde sich »die Unterbringung der altersschwachen, gebrechlichen und kranken Leute« gestalten; für sie sollten »Altersheime und weitere Krankenhäuser« errichtet werden. Neben den Flüchtlingen aus den Ostgebieten sollten auch noch »Rheinlandrückkehrer« aus der französischen und amerikanischen Zone eintreffen, die schon früher hätten kommen sollen. Die Wohnungsinhaber wurden gebeten, die Zimmer, in denen Flüchtlinge untergebracht werden sollten, mit den »notwendigsten Einrichtungsgegenständen« auszustatten. Bisher hätten sich nur vereinzelt Haus- und Wohnungseigentümer geweigert, Flüchtlinge aufzunehmen. »Gegen diese Personen müsse mit aller Schärfe vorgegangen werden, da solche schlechten Beispiele leicht Schule machen. Bisher sei es auch in allen Fällen gelungen, die Widerstände zu brechen.« Im Allgemeinen zeige die Bevölkerung »großes Verständnis für die Lage der Flüchtlinge«, attestierte die Kreisverwaltung.

Nach Meinung des Eitorfer Bürgermeisters Peter Etzenbach war die Beschaffung von Wohnräumen weniger schwierig als deren Ausstattung mit Möbeln und Gebrauchsgegenständen. Etzenbach warf den »beteiligten Verwaltungsstellen in Köln« vor, sie »hätten den Flüchtlingen hinsichtlich ihrer Aufnahme im Siegkreis große Versprechungen gemacht – Versprechungen, die niemals erfüllt werden könnten«. Eine Mitarbeiterin des Regierungspräsidenten wies diesen Vorwurf zurück und erinnerte daran, für die Stadt Köln sei es noch schwerer als für die Landkreise, Flüchtlinge zu unterstützen.⁴⁴

Bis Juli 1946 wurden im Siegkreis 12.600 Flüchtlinge untergebracht; täglich trafen weitere 300 bis 400 ein. Nach Darstellung der Kreisverwaltung war es bislang »gelungen, sämtliche Flüchtlinge, wenn auch in bescheidenen Verhältnissen, unterzubringen«. Allerdings gab es »in einzelnen Bürgermeistereien bereits Schwierigkeiten«. Die Kreisverwaltung war der Auffassung, dass »höchstens noch 3.000 bis 4.000 Flüchtlinge im Siegkreis aufgenommen werden« könnten.[45] Ihm, wie beabsichtigt, noch weitere 20.000 Flüchtlinge zuzuweisen, sei nur möglich, wenn mehr Baumaterialien, Kleider, Wäsche, Decken, Strohsäcke, Kochgeschirr, Kochgerät und andere Haushaltsgegenstände zur Verfügung gestellt würden. Andernfalls müsse »die gesamte Bevölkerung [...] in Massenquartieren untergebracht werden«.[46] Bis Ende 1946 wurden durch das Flüchtlingslager Troisdorf, in dem sich nun bis zu 2.000 Menschen aufhalten konnten, 27.020 Flüchtlinge geschleust, von denen 23.800 dem Siegkreis und die restlichen dem Rheinisch-Bergischen und dem Oberbergischen Kreis zugewiesen wurden. Vorwiegend handelte es sich um Frauen und Kinder.[47]

Angesichts des unvermindert großen Flüchtlingszustroms klagte die Kreisverwaltung bereits im August 1946 bei der Militärregierung Köln darüber, dass die Wohnverhältnisse für die Flüchtlinge und die einheimische Bevölkerung »unerträglich« geworden seien. Das Zusammenleben auf engstem Raum führte zu wachsenden Irritationen. »Beschwerden von Hausbesitzern und Mietern über das arrogante Verhalten von Flüchtlingen und Evakuierten, die ihre Lebensumstände sehr unangenehm beeinflussen, nehmen von Tag zu Tag zu. Auf der anderen Seite beklagen sich Flüchtlinge darüber, dass ihre Wohnräume unzureichend seien«, berichtete die Kreisverwaltung im Sommer 1946.[48]

Die Kreisverwaltung beschwerte sich bei der Militärregierung auch über die vielfach schlechte körperliche Verfassung der eintreffenden Flüchtlinge. Den Gemeinden seien »Flüchtlinge zugeteilt worden [...], die in einem schmutzigen Zustand gewesen« seien. Außerdem seien »kranke und schwache Personen« eingetroffen, die erklärt hätten, dass sie von Ärzten in den Durchgangslagern »als gesund und transportfähig entlassen« worden seien. In einigen Fällen seien »geschlechtskranke Familien aus Breslau« zugewiesen worden.[49] Nach Angaben der Kreisverwaltung waren von den im Sommer 1946 eintreffenden Flüchtlingen »35 bis 40 Prozent hautkrank, 5 bis 10 Prozent syphiliskrank und 15 bis 20 Prozent tuberkulös«.[50]

Im Herbst 1946 wurde die »Unterbringung der Flüchtlinge [...] immer primitiver«. »Die Not und das Elend unter den Flüchtlingen hat sich vermehrt. [...] Es ist tief bedauerlich, dass man diese halbverhungerten Menschen ohne Kleidung und Wäsche in den Landkreisen zusammenpfercht und keinerlei Hilfe gewährt«, klagte die Kreisverwaltung. Etwa zwei Fünftel der Flüchtlinge besaßen weder Schuhe noch Strümpfe.[51] Nahezu alle Flüchtlingskinder trugen nur »selbstgemachte Stoffpantoffeln oder Holzsandalen«.[52]

Die »Flüchtlingsnot« war zu einem »der brennendsten Probleme« geworden, stellte das Honnefer Stadtratsmitglied Dr. Jakob Bless (CDU) im Oktober 1946 fest. Deshalb habe seine Fraktion ein Flüchtlingskomitee gegründet, das in Kooperation mit den Behörden und Vertrauensleuten der Flüchtlinge versuchen werde, »die allerschlimmste Not zu lindern«. In Honnef lebten seinerzeit 1.665 Ostflüchtlinge. Dies waren nach

Meinung der Christdemokraten zu viele, weil es in Honnef weder genügend Wohnungen noch Erwerbsmöglichkeiten für Flüchtlinge gebe. Von den im Zweiten Weltkrieg beschädigten Wohnungen sei erst ein Drittel wieder instand gesetzt worden. Außerdem habe die britische Militärregierung Wohnhäuser zur Unterbringung von Besatzungsangehörigen beschlagnahmt. »Die CDU-Fraktion verkennt keinesfalls die zwingende Notwendigkeit«, hieß es in der vom Stadtrat auf Antrag der CDU verabschiedeten Resolution, »die Ostflüchtlinge unterzubringen und ihnen jede Hilfe und Unterstützung zuteilwerden zu lassen«. Aber »eine weitere Unterbringung [könne nur] dort erfolgen [...], wo auch eine Lebensmöglichkeit für die wirklich bedauernswerten Menschen besteht«. Diese sei »nun leider einmal in Bad Honnef nicht vorhanden«, denn Honnef sei »eines der wenigen anerkannten Bäder, die nach dem Zusammenbruch unseren erholungs- und heilbedürftigen Industriearbeitern und schaffenden Menschen Erholung und Heilung bringen können«.[53] Ebenso wie Honnef forderte auch die Nachbarstadt Königswinter unter Hinweis auf den Fremdenverkehr, der »von lebenswichtiger Bedeutung« sei, ein Ende der Zuweisung von Flüchtlingen, die zum Teil in Hotels und Pensionen untergebracht waren.[54] Die Siegburger Stadtverwaltung meinte gar, bei der Verteilung von Wohnungen sei man »vielleicht [...] den ›wilden‹ Ostflüchtlingen gegenüber zu nachgiebig« gewesen.[55]

Vor allem in den ländlichen Gemeinden des Siegkreises bot die Unterbringung von Flüchtlingen im Frühjahr 1947 ein »überaus trostlose[s] Bild«. In der Regel lebten fünf bis acht Personen in einem einzigen Raum.[56]

Die Frage »des überaus schwierigen Wohnungsproblems« ließ sich nach Ansicht des Kreiswohnungsamts »nur durch umfangreiche Neubaumaßnahmen und Instandsetzungen« lösen.[57] Da der Siegkreis jedoch keine zusätzlichen Facharbeiter und Baustoffe erhielt, war eine Lösung der Wohnungsfrage vorerst nicht in Sicht.[58]

Im Sommer 1948 forderten mehrere Gemeindevertretungen im Siegkreis offen ein Ende weiterer Flüchtlingszuweisungen. Sie folgten damit einer Anregung des Kölner Regierungspräsidenten Dr. Wilhelm Warsch. Der Stadtrat von Honnef protestierte am 11. Juni einstimmig gegen eine Verfügung des Oberkreisdirektors, wonach Honnef weitere 50 Flüchtlinge zugewiesen werden sollten. In der Stadtratssitzung am 11. August wies Bürgermeister Jakob Mölbert (CDU) auf einen Bericht des Regierungspräsidenten an das Landessozialministerium vom 25. Mai hin, in dem Warsch »in nicht missverstehender Weise« dargelegt habe, dass der Regierungsbezirk Köln keine neuen Flüchtlinge mehr aufnehmen könne. Warsch hatte die Stadt- und Landkreise gebeten, seinen Standpunkt durch entsprechende Stellungnahmen zu unterstützen. Der Stadtrat erklärte einstimmig, in Honnef könnten keine weiteren Flüchtlinge und Besatzungsangehörigen mehr untergebracht werden.[59] Der Uckerather Gemeinderat unterstrich ebenfalls »in allen Punkten die vom Herrn Regierungspräsidenten entwickelte Ansicht« und sprach sich »unter Berücksichtigung der eigenen Wohnverhältnisse gegen die Aufnahme weiterer Flüchtlinge« aus.[60] Die Gemeinde Hennef »lehnte mit aller Entschiedenheit« die Zuweisung weiterer 70 Flüchtlinge »aus Gründen der Menschlichkeit, Sittlichkeit und Moral ab«, weil »[b]ei der

Regierungspräsident Warsch bei einem Besuch der Abtei Michaelsberg in Siegburg 1952, v.l.n.r.: Abt Dr. Schulte-Strathaus, Stadtdirektor De Visscher, Regierungspräsident Warsch, Bürgermeister Heinrichs

heutigen Bauweise [...] die jetzt schon vorhandenen menschenunwürdigen Wohnverhältnisse auf Jahre hinaus nicht beseitigt werden« könnten. Überdies seien »durch die Rückkehr vieler ehemaliger Kriegsgefangener und durch die Zusammenführung abgesprengter Familienangehöriger in vielen Wohnungen der einheimischen Bevölkerung und bei den Flüchtlingen Verhältnisse entstanden, die nicht vorauszusehen waren und die jetzt eine weitere Aufnahme von Flüchtlingen nicht mehr zulassen«.[61] Auch die Amtsvertreter des Amtes Menden sprachen sich wegen des Wohnungsmangels gegen den Zuzug weiterer Flüchtlinge aus.[62]

Auf der anderen Seite wuchs auch unter den Flüchtlingen und Vertriebenen die Unzufriedenheit über ihre Unterbringung. Im September 1947 beschrieb ein »Ausschuss der Flüchtlinge und Ausgebombten zu Ittenbach« die Lage wie folgt:

»Trotzdem die Flüchtlinge und Ausgebombten sich schon längere Zeit in der hiesigen Gemeinde aufhalten und ihr Verhalten zu irgendwelchen berechtigten Klagen keine Veranlassung gegeben hat, ist doch in dem ablehnenden Verhalten der eingesessenen Bevölkerung keine Veränderung eingetreten. Von der eingesessenen Bevölkerung werden die Flüchtlinge und Ausgebombten nach wie vor als Fremdkörper empfunden und ihnen nur widerwillig die Wohnräume belassen. [...] Fälle, in denen Familien mit fünf und mehr Personen in einem, manchmal noch beengten Raum untergebracht sind, bilden die Regel. [...] Einzelne Wohnungen befinden sich [...] in einem [...] menschenunwürdigen Zustand. Es wird über Feuchtigkeit und Kälte im Winter und drückende Hitze im Sommer geklagt. [...]«

Nach Meinung des Ittenbacher Flüchtlingskomitees trugen »die religiösen Gegensätze« nicht unwesentlich zu der angespannten

Lage bei. Die Flüchtlinge waren vorwiegend evangelisch, die Ortsbevölkerung durchweg katholisch. Der Flüchtlingsausschuss glaubte, »dass wegen der Unduldsamkeit der eingesessenen, insbesondere des katholischen Teils der Bevölkerung, ein harmonisches Zusammenleben ziemlich ausgeschlossen erscheint, solange nicht durch behördliche Maßnahmen die Rechte der Flüchtlinge und Ausgebombten gewährleistet« würden. Die Flüchtlingsvertreter schossen allerdings über das Ziel hinaus, als sie in ihrem Bericht zum Schluss die Vermutung äußerten, es habe »den Anschein, dass wir Flüchtlinge und Ausgebombten allein die Lastenträger des augenblicklich furchtbaren Elends und Hungers infolge des Krieges sein sollen«.[63] Die Kreisverwaltung nahm den Bericht kommentarlos zur Kenntnis und legte ihn zu den Akten.

In Honnef thematisierten die Freien Demokraten die um sich greifende Verbitterung unter den Vertriebenen in einer Fraktionserklärung, die ihr Ratsmitglied Dr. Wolfgang Ziernberg in der konstituierenden Sitzung des neugewählten Honnefer Stadtrats am 3. November 1948 verlas. Ziernberg machte darauf aufmerksam, dass die Heimatvertriebenen in Honnef, obwohl ihre Zahl inzwischen auf mehr als 2.000 gestiegen sei, erst seit der Kommunalwahl vom 17. Oktober 1948 mit zwei Mitgliedern im Stadtrat vertreten seien. Ebenso wie Ziernberg gehörte auch der zweite Vertriebene unter den Stadträten, Hans Wasmuth, der FDP-Fraktion an, die insgesamt aus vier Mitgliedern bestand. Ziernberg hielt es für seine Aufgabe, »die berechtigten Forderungen und Ansprüche unserer schwer geprüften Schicksalsgenossen in diesem Gremium, das über das Wohl und Wehe aller Bürger zu entscheiden hat, mit Nachdruck zu vertreten«. Die Vertriebenen seien »zur tätigen Mithilfe am Wiederaufbau der neuen Heimat bereit, aber nicht als Parias oder Bürger zweiter Klasse, sondern als in jeder Hinsicht gleichberechtigte Bürger und Menschen«, denn ohne »eine wirkliche und organische, wahrscheinlich endgültige Sesshaftmachung der Vertriebenen in der neuen Heimat« drohe auch die Demokratisierung in Westdeutschland zu scheitern.[64] Die Vertriebenen durften in der Besatzungszeit im Interesse einer möglichst reibungslosen Integration in die Gesellschaft der Westzonen keine eigene Partei gründen. Der Bund der Heimatvertriebenen und Entrechteten wurde erst 1950 gegründet.[65] Ziernberg kandidierte bei den Bundestagswahlen 1953 und 1957 ohne Erfolg im Wahlkreis 70 (Siegkreis) für den Gesamtdeutschen Block/Bund der Heimatvertriebenen und Entrechteten.[66]

Ende 1948 wohnten im Siegkreis 18.812 Ostflüchtlinge, volksdeutsche und auslandsdeutsche Flüchtlinge, 2.859 Flüchtlinge aus der sowjetischen Besatzungszone und 4.459 Evakuierte, die aus Bunkern in Köln und Essen kamen. Insgesamt handelte es sich um 26.130 Personen. Bei einer Gesamtbevölkerung von 202.901 Einwohnern betrug der Anteil der Vertriebenen, Flüchtlinge und Evakuierten seinerzeit im Siegkreis 12,9%. Monatlich wurden weitere 260 bis 340 Flüchtlinge zugewiesen. Nachdem der Landtag von NRW am 2. Juni 1948 ein Flüchtlingsgesetz verabschiedet hatte, begann der Siegkreis schon in der zweiten Jahreshälfte damit, die »Notwohnungen zu beseitigen und die Flüchtlinge in geordnete Wohnverhältnisse zu versetzen«. Aber Ende 1948 gab es noch 1.600 Notwohnungen[67] und »viele Menschen, insbesondere Flüchtlinge«, waren weiterhin »menschenunwürdig untergebracht«.[68]

Anmerkungen:

1 Bericht LR an RP 2.12.1944, in: ARSK LSK 3318, Bl. 1.
2 Bericht Kreisernährungsamt 20.2.1945, in: ARSK LSK 3319, Bl. 28f.
3 Bericht Abt. Flüchtlingsfürsorge 23.8.1946, in: ARSK SK 4, Bl. 229; vgl. auch Niederschr. BMDV 20.8.1945, in: ARSK SK 384, Bl. 46f.
4 Bericht Abt. Flüchtlingsfürsorge 23.8.1946, in: ARSK SK 4, Bl. 229.
5 Zit. n. Roggendorf: Letzte Monate, S. 137; zur Durchleitung von Evakuierten aus dem Dürener Gebiet vgl. auch Ersfeld: Kriegschronik, S. 36f.
6 Roggendorf: Letzte Monate, S. 137.
7 Roggendorf: Letzte Monate, S. 143.
8 Niederschr. Sitzung StV Honnef 2.10.1946, in: ARSK SK 190, Bl. 12ff.
9 Niederschr. Sitzung AmtsV Lohmar 27.2.1946, in: ARSK SK 193, Bl. 1ff.
10 Böll: Briefe, S. 9.
11 Schr. BM Much an LR 12.5.1945, in: ARSK LSK 3320, Bl. 21.
12 Schr. BM an LR 28.4.1945, in: ARSK LSK 3320, Bl. 45ff.
13 Bericht AmtsBM Menden an LR 21.2.1945, in: ARSK LSK 3319, Bl. 12f.
14 Niederschr. BMDV 7.5.1945, in: ARSK SK 384, Bl. 2.
15 Schr. BM Wahlscheid an LR 25.4.1945, in: ARSK LSK 3320, Bl. 51f.
16 Schr. BM Much an LR 12.5.1945, in: ebd., Bl. 21.
17 Niederschr. BMDV 14.5.1945, in: ARSK SK 384, Bl. 3.
18 Niederschr. BMDV 20.8.1945, in: ebd., Bl. 46f.
19 *Kölnischer Kurier* 9.10.1945.
20 Niederschr. BMDV 16.7.1945, in ARSK SK 384, Bl. 31ff.
21 Niederschr. BMDV 23.7.1945, in: ebd., Bl. 34ff.
22 Niederschr. BMDV 1.10.1945, in: ebd., Bl. 58f.
23 Niederschr. BMDV 26.11.1945, in: ebd., Bl. 66ff.
24 *Kölnischer Kurier* 3.11.1945; zum Lager für Rheinlandrückkehrer in Wipperfürth vgl. Kölnischer Kurier 20.11.1945. Das Wipperfürther Lager wurde anschließend ein Hauptdurchgangslager für Flüchtlinge aus den Ostgebieten. (Vgl. Rieger: Durchgangslager Wipperfürth)
25 Einwohnerstatistik der Siegkreis-Gemeinden vom 1.12.1945, in: ARSK SK 59, Bl. 10.
26 Niederschr. Sitzung AmtsV Lohmar 27.2.1946, in: ARSK SK 193, Bl. 1ff.
27 Niederschr. BMDV 26.11.1945, in: ARSK SK 384, Bl. 66ff.
28 *Kölnischer Kurier* 4.12.1945. Langen war von Mai 1927 bis Mai 1933 Bürgermeister und von Dezember 1946 bis Januar 1954 Gemeindedirektor von Troisdorf. Er hatte sich im Mai 1933 beurlauben lassen und war am 1. Mai 1934 in den Ruhestand versetzt worden. (Mitteilung StA Tro 29.3.2010)
29 Freundliche Mitteilung des früheren Beigeordneten der Stadt Troisdorf Matthias Dederichs v. 27.1.2011.
30 Schr. OKD an GemDir Troisdorf 23.12.1947, in: StA Tro A 1118.
31 Niederschr. BMDV 26.11.1945, in: ARSK SK 384, Bl. 66ff.
32 Ebd.
33 Insoweit trifft die Feststellung von Kossert (Kalte Heimat, S. 10), seit 1947 habe sich der Begriff »Vertriebener« langsam durchgesetzt, für den Siegkreis nicht zu.
34 Niederschr. BMDV 10.12.1945, in: ebd., Bl. 69f. Am 22.11.1945 wurde das Hauptdurchgangslager Siegen in einer ehemaligen Kaserne für 2.000 Flüchtlinge und Vertriebene eingerichtet. 1951 wurde es durch das neu errichtete Lager Unna-Massen ersetzt. (Ackermann: Brutstätten)
35 Niederschr. BMDV 24.12.1945, in: ARSK SK 384, Bl. 71f.
36 Bericht Abt. Flüchtlingsfürsorge 22.1.1946, in: ARSK SK 5, Bl. 254; VB SK 1945, in: ARSK SK 59, Bl. 58ff.
37 *Kölnischer Kurier* 22.1.1946.
38 Niederschr. Sitzung AmtsV Lohmar 27.2.1946, in: ARSK SK 193, Bl. 1ff.
39 Bericht Abt. Flüchtlingsfürsorge 22.3.1946, in: ARSK SK 4, Bl. 32.
40 Niederschr. BMDV 4.3.1946, in: ARSK SK 384, Bl. 81f.
41 Niederschr. BMDV 11.3.1946, in: ARSK SK 1, Bl. 4ff.; zu Flucht und Vertreibung aus den deutschen Ostgebieten vgl. Kossert: Kalte Heimat, S. 27ff.
42 Bericht 22.2.1946, in: ARSK SK 5, Bl. 294.
43 Bericht Abt. Flüchtlingsfürsorge 22.3.1946, in: ARSK SK 4, Bl. 32.
44 Niederschr. BMDV 4.3.1946, in: ARSK SK 384, Bl. 81f.
45 Bericht Abt. Flüchtlingsfürsorge 23.7.1946, in: ARSK SK 4, Bl. 168.
46 Bericht Abt. Flüchtlingsfürsorge 23.8.1946, in: ebd., Bl. 229.

47 Arbeitsberichte Kreisverw. 1946, in: ARSK SK 4724, Bl. 9.
48 Schr. 22.8.1946, in: ARSK SK 2, Bl. 117.
49 Schr. 22.8.1946, in: ebd., Bl. 117.
50 Bericht Abt. Flüchtlingsfürsorge 23.8.1946, in: ARSK SK 4, Bl. 229.
51 Bericht Abt. Flüchtlingsfürsorge 20.9.1946, in: ebd., Bl. 238.
52 Monatsbericht OKD an MR SK Februar 1947, Anlage O, in: ARSK SK 6, Bl. 104.
53 Niederschr. Sitzung StV Honnef 2.10.1946, in: ARSK SK 190, Bl. 12ff.
54 Schr. Stadtdirektor Königswinter an OKD 14.1.1947, in: ARSK SK 7, Bl. 8
55 AA SK 10.1.1948.
56 Bericht Kreiswohnungsamt 20.5.1947, in: ARSK SK 6, Bl. 153.
57 Bericht 13.1.1947, in: ARSK SK 2170, Bl. 108f.
58 Bericht Kreiswohnungsamt 16.1.1947, in: ebd., Bl. 115f.
59 Niederschr. Sitzung StV Honnef 11.8.1948, in: ARSK SK 190, Bl. 55ff.
60 Niederschr. Sitzung GemV Uckerath 19.8.1948, in: ARSK SK 209, Bl. 39.
61 Niederschr. Sitzung GemV Hennef 24.8.1948, in: ARSK SK 188, Bl. 71ff.
62 Niederschr. Sitzung AmtsV Menden 2.9.1948, in: ARSK SK 194, Bl. 32ff.
63 Bericht 4.9.1947, in: Landesarchiv NRW, Abteilung Rheinland, Standort Düsseldorf RW 181–69.
64 Niederschr. Sitzung StV Honnef 3.11.1948, in: ARSK SK 190, Bl. 61ff.
65 Benz: Auftrag Demokratie, S. 124.
66 Schumacher: M.d.B., S. 476.
67 Berichte Kreisverw. 20.12.1948, in: ARSK SK 59, Bl. 213f.
68 Entwurf VB SK 1948, in: ebd., Bl. 185ff.

Blick über den Siegburger Ehrenfriedhof 1956

Bilder von der Deportation aus den sogenannten „Judenhäusern" in der Brandstraße 42/44, Siegburg, 27. Juli 1942

ÜBERLEBENDE DES HOLOCAUST

Die Auswertung eines vom Bundesarchiv herausgegebenen Gedenkbuchs über die jüdischen Opfer der nationalsozialistischen Gewaltherrschaft, das aber keinen Anspruch auf Vollständigkeit erhebt, ergibt, dass 308 Juden, die in der NS-Zeit im Siegkreis gelebt haben, in Ghettos und Vernichtungslager nach Osteuropa deportiert worden sind. Einige von ihnen haben schon vor der Deportation in Orten außerhalb des Siegkreises gewohnt oder waren in westliche Nachbarländer emigriert und sind von dort abtransportiert worden. Die Zahl der von den Nationalsozialisten ermordeten Juden aus dem Siegkreis lässt sich anhand des Gedenkbuchs des Bundesarchivs nicht ermitteln, weil bei einer Reihe von Deportierten kein Todesdatum angegeben ist und sie auch nicht für tot erklärt worden sind.[1] Von den in der Stadt Siegburg lebenden Juden sollen 157 der nationalsozialistischen Vernichtungspolitik zum Opfer gefallen sein.[2]

Nach Kriegsende lebten im Siegkreis nur sehr wenige Juden, die den nationalsozialistischen Massenmord nur deshalb überlebt hatten, weil sie mit einem nichtjüdischen Ehepartner verheiratet waren. Karl Thomas, von 1945 bis 1956 Sachbearbeiter für Wiedergutmachung bei der Kreisverwaltung, spricht von 17 Juden. Einige von ihnen wanderten in die USA aus. Gleichzeitig kehrten 22 Juden, von denen 12 während der NS-Zeit nach Argentinien, China, Großbritannien und in die USA emigriert waren, in den Siegkreis zurück.[3]

Landrat Clarenz teilte den Bürgermeistern in einer Dienstbesprechung im Juli 1945 mit, dass auf Anordnung der Militärregierung bei der Kreisverwaltung »für die zurückgekehrten politischen Gefangenen, Zuchthäusler und Juden eine besondere Fürsorgestelle eingerichtet worden sei«.[4] Anscheinend bestanden anfangs Zweifel, ob auch nicht deportierte Juden zu den Verfolgten gehörten. Der Vertreter der Fürsorgestelle für ehemalige politische Gefangene, Wilhelm Komorowski, erläuterte den Bürgermeistern kurze Zeit später: »Zu den politischen Gefangenen zählen auch die Juden und Halbjuden, gleich ob sie inhaftiert waren oder nicht. In jedem Fall werden sie als Verfolgte des Dritten Reichs anerkannt.« Die Fürsorgestelle erwartete, »dass die ehemaligen politischen Gefangenen bzw. Verfolgten bei Stellenbesetzungen und auch sonst

Ansicht der neuen Umfassungsmauer des jüdischen Friedhofs mit Toranlage, aufgenommen durch den Vorsitzenden des Synagogengemeinde Erich Bendix im Januar 1949, Siegburg Heinrichstraße

bevorzugt berücksichtigt [würden] nach Maßgabe ihrer Fähigkeiten und Eignung.«[5]

Die nach Kriegsende im Siegkreis lebenden Juden gründeten die Synagogengemeinde Siegkreis, die Anfang 1947 19 Mitglieder zählte. Ihr Vorsitzender war Erich Bendix aus Ruppichteroth.[6] Die Militärregierung hatte Bendix im Juni 1945 in die Fürsorgestelle für ehemalige politische Gefangene berufen; dort betreute er die rassisch Verfolgten. Als Treuhänder regelte Bendix auch die Rückerstattungsansprüche der Synagogengemeinde und ihrer Mitglieder.[7]

Die Synagogengemeinde Siegkreis beabsichtigte 1946, in der früheren jüdischen Schule in der Siegburger Holzgasse einen Betsaal einzurichten, und bat deshalb die Kreisverwaltung, für die Reparatur des Gebäudes, das neben der beim Novemberpogrom 1938 zerstörten Synagoge lag[8], einen Betrag von 5.500 RM zur Verfügung zu stellen. Der Finanzausschuss des Siegkreises wollte diesen Betrag zunächst nur als Vorschuss gewähren und ihn anschließend mit dem Ertrag einer bei früheren NSDAP-Mitgliedern zu veranstaltenden Geldsammlung verrechnen. Sowohl der Vorsitzende der Synagogengemeinde Siegkreis wie auch der Landesverband der Jüdischen Gemeinden in Nordrhein lehnten eine solche Sammlung aus verständlichen Gründen ab. Erst danach erklärte sich der Kreis zur Übernahme der Kosten bereit, nicht ohne darauf hinzuweisen, »dass der Wiederaufbau der Synagogen eine allgemeine Frage ist, die im Wege der Entschädigung zu lösen« sei und diese Kosten daher eigentlich aus staatlichen Mitteln bezahlt werden müssten.[9] Die Synagogengemeinde Siegkreis errichtete die geplante Gebetsstätte; sie schloss sich aber im August 1947 wegen ihrer geringen Mitgliederzahl der jüdischen Gemeinde in Bonn an.[10]

Ehemalige jüdische Schule in Siegburg, in der die Synagogengemeinde Siegkreis 1947 einen Betsaal einrichtete. Aufnahme kurz vor dem Abriss des Gebäudes Oktober 1973

In der vorhin genannten Zahl der Mitglieder der Synagogengemeinde Siegkreis waren nach Angaben der Kreisverwaltung nicht »die evakuierten Juden aus dem Osten« enthalten.[11] Etwa 50.000 Juden, die von den alliierten Streitkräften aus den nationalsozialistischen Vernichtungslagern befreit worden waren, wurden nach Kriegsende ebenso wie die nach Deutschland verschleppten Zwangsarbeiter zu Displaced Persons (DPs) erklärt.[12] Während die meisten nichtjüdischen DPs Deutschland schon im ersten Nachkriegsjahr verließen, nahm die Zahl der jüdischen DPs weiter zu. Im Sommer 1947 hielten sich in Deutschland ca. 182.000 jüdische DPs auf, von denen über 80 Prozent aus Polen kamen. Insbesondere nach dem Pogrom von Kielce im Juni 1946 versuchten viele polnische Juden, über Deutschland nach Palästina auszuwandern. Daran wurden sie aber von der britischen Regierung, die das Völkerbundsmandat über dieses Gebiet im Nahen Osten ausübte, zunächst vielfach gehindert.

Im Sommer 1946 befanden sich mehr als 140.000 jüdische DPs in Lagern der amerikanischen Zone. In der britischen Zone waren 1946 bis zu 15.000 jüdische DPs registriert, von denen der weit überwiegende Teil in einer ehemaligen SS-Panzerkaserne in Hohne-Belsen bei Celle untergebracht war. In der französischen Zone hielten sich Ende 1946 nur rund 700 jüdische Flüchtlinge auf. In der sowjetischen Zone wurden die jüdischen DPs nicht gesondert erfasst.[13] Der größte Teil der jüdischen DPs wanderte in den im Mai 1948 gegründeten Staat Israel aus.[14]

Am 19. August 1946 traf im Durchgangslager Troisdorf ein Transport mit 380 jüdischen Flüchtlingen ein, die dort vier Tage blieben. Am 21. August kamen weitere 80 jüdische Flüchtlinge im Siegkreis an; sie wurden auf die Stadt Siegburg, die Gemeinde Troisdorf und das Amt Menden verteilt. Unmittelbar nachdem die jüdischen Flüchtlinge das Lager Troisdorf wieder verlassen hatten, äußerte sich die Abteilung für Flüchtlingsfürsorge bei der Kreisverwaltung, die zusammen mit einem »israelitischen Beauftragten der UNRRA«[15] die jüdischen Lagerinsassen betreut hatte, sehr abfällig über deren Verhalten:

»*Der Zustand des Lagers nach dem Abtransport dieser Juden war unbeschreiblich an Dreck, an Schmutz und anderen Unreinlichkeiten. Ebenso fehlte eine größere Anzahl von Kochgeschirren, die gestohlen und mitgenommen wurden. Die Desinfektion des gesamten Lagers wurde erforderlich. Auch bei der Ausgabe des Essens fand ein größerer Betrugsversuch statt, bei welchem das Lager um ca. 60 Mittagessen betrogen wurde.*«[16]

Der Bericht der Kreisverwaltung lässt keinerlei Empathie für die jüdischen DPs erkennen. Gewiss war »der Umgang mit den jüdischen DPs […] aufgrund ihrer langen Verfolgung und der vielen Entbehrungen und Leiden nicht einfach. […] Häufig hatten die Lagerinsassen jedes Gefühl für die Erfordernisse der Gemeinschaft, für Hygiene und Disziplin verloren. Wer jahrelang verzweifelt um Essen, Kleidung, Raum, ja Leben hatte kämpfen müssen, konnte dies nicht plötzlich ablegen, sondern musste sich langsam wieder an ein zivilisiertes Sozialverhalten gewöhnen.«[17] All dies scheint die Kreisverwaltung in ihrem Bericht, der das Verhalten der jüdischen DPs im Lager Troisdorf voller Abscheu beschreibt, nicht in Betracht gezogen zu haben. Dem Hinweis, dass die jüdischen Flüchtlinge im Lager Troisdorf von einem UNRRA-Beauftragten mitbetreut worden sind, lässt sich entnehmen, dass es sich um jüdische DPs gehandelt hat, die sich zum Zeitpunkt ihrer Befreiung in Deutschland aufgehalten haben. Im Unterschied zu diesen »alten« DPs galten die nach Kriegsende aus Osteuropa nach Deutschland geflüchteten Juden in der britischen Besatzungszone nur als »infiltrees«, denen die UNRRA nicht helfen durfte, sondern für die die deutschen Behörden allein zuständig waren.[18]

In Herchen gab es 1946 auch ein Flüchtlingslager für jüdische Flüchtlinge. Es befand sich in den Gebäuden des ehemaligen evangelischen Pädagogiums Herchen, aus dem 1951 das Bodelschwingh-Gymnasium Herchen hervorging. Am 5. November 1946 inspizierte ein Vertreter der Kreisgruppe Sieg-Aggerland der britischen Militärregierung im Beisein des Herchener Bürgermeisters Albrecht Land, des Gemeindedirektors Josef Dahmen und des evangelischen Pastors Krügell das Lager. Die jüdischen Flüchtlinge waren dem Bericht des Besatzungsoffiziers zufolge »in einem großen Wohnhaus untergebracht«. In dem Haus hielten sich manchmal 200 Personen auf, obwohl es nur für 80 bis 100 Personen geeignet war. Die An- und Abreise der Flüchtlinge verlief größtenteils unkontrolliert. »Das ganze Gebäude war schmutzig und benötigte eine gründliche Reinigung und viel Tünche und Desinfektion.« Die jüdischen Bewohner lebten »unter schmutzigen und zusammengepferchten Verhältnissen«. Die Toiletten befanden sich »in einem entsetzlichen Zustand«. Der Bürgermeister versprach, die angemahnten Arbeiten ausführen zu lassen, wandte aber ein, »es würde wahrscheinlich nach drei Tagen wieder genauso schlecht aussehen wie vorher«. Die Verpflegung stufte der Vertreter der Militärregierung als »ausreichend und wahrscheinlich günstig im Vergleich zu der früheren Diät« ein, rügte aber, dass im Lager kein Aufsichtspersonal vorhanden sei. Sobald neu eintreffende Familien »Betten, Stroh, Ofen und Nahrungsmittel« bekommen hätten, würden sie sich selbst überlassen. Pastor Krügell erklärte sich bereit, »eine in der Anstalt wohnende Schwester einzusetzen, die den Gesundheitszustand der Familien und die allgemeine Gesundheitspflege überwacht und über dringende Probleme berichtet«. Der Vertreter der Militärregierung ordnete aber eine ärztliche Untersuchung der jüdischen DPs und eine Überprüfung des Gebäudes durch den Gemeindearzt an. Nach dem abschließenden Urteil des britischen Offiziers litt das Herchener Lager für jüdische Flüchtlinge unter einem »Mangel an Überwachung und Organisation«. An dem miserablen Zustand sei nicht nur die Gemeinde Herchen, sondern auch »der Typ der Flüchtlinge« Schuld, der es schwer mache, »Disziplin und besonders Sauberkeit aufrechtzuerhalten«. Hauptsächlich wohnten im Lager Herchen dem Bericht zufolge »alte Leute, Kinder und sehr müde Frauen, die wahrscheinlich seit Jahren am Rande der Verzweiflung und des Hungertodes gelebt« hatten. Der Vertreter der Militärregierung war indes zuversichtlich, dass die jüdischen Flüchtlinge, »wenn ihnen etwas Hilfe und Sympathie entgegengebracht« würde, »in dem schönen Haus in einer schönen Gegend« wieder neuen Lebensmut schöpfen könnten. Um dieses Ziel zu erreichen, sollten »jüdische Flüchtlinge nicht [mehr] abgesondert werden«.[19] Kurz darauf ordnete die Militärregierung an, dass die jüdischen Flüchtlinge im Lager Herchen »in Privatquartieren untergebracht und genau wie deutsche Flüchtlinge betreut werden« müssten.[20] Diese Entscheidung dürfte gerade in Herchen nicht auf ungeteilte Zustimmung gestoßen sein, war doch die überwiegend protestantische Gemeinde schon in den letzten Jahren der Weimarer Republik eine der wenigen nationalsozialistischen Hochburgen im Siegkreis gewesen und Hitler vom Gemeinderat schon im September 1932 zum Ehrenbürger ernannt worden.[21]

Im Dezember 1946 nahm der Siegkreis 86 jüdische Flüchtlinge aus Polen auf. Von ihnen wurden 29 der Gemeinde Sieglar, 27 dem Amt Dattenfeld, 14 dem Amt Niederkassel, 9 der Gemeinde Hennef und 7 dem Amt Lohmar zugeteilt. Diese jüdischen Flüchtlinge verließen den Siegkreis im folgenden Jahr mit unbekanntem Ziel.[22] Es ist anzunehmen, dass viele von ihnen in das spätere Israel emigrierten.

Anmerkungen:

1 Gedenkbuch. Bei der Ermittlung der Gesamtzahl der deportierten Juden waren einige Doppelnennungen herauszurechnen, die sich daraus ergeben, dass jüdische Einwohner innerhalb des Siegkreises umgezogen sind.
2 Tiemann: »Unbekannt verzogen«, S. 42.
3 Thomas: Wiedergutmachung, S. 400.
4 Niederschr. BMDV 2.7.1945, in: ARSK SK 384, Bl. 18ff.
5 Niederschr. BMDV 23.7.1945, in: ebd., Bl. 34ff.
6 Schr. OKD an MR SK 24.2.1947, in: ARSK SK 2, Bl. 185.
7 Linn: Untergang, S. 30.
8 Ebd., S. 29f. Das alte jüdische Schulhaus wurde erst 1974 abgerissen. Zur örtlichen Lage der früheren Siegburger Synagoge und der angrenzenden Bebauung vgl. den Lageplan von 1898, in: B. Böger/A. Korte-Böger: Siegburger Synagoge, S. 98.
9 Schr. OKD an MR SK 24.2.1947, in: ARSK SK 2, Bl. 185.
10 Linn: Untergang, S. 30.
11 Schr. OKD an MR SK 24.2.1947, in: ARSK SK 2, Bl. 185.
12 Brenner: Nach dem Holocaust, S. 19.
13 Ebd., S. 25ff.; Königseder/Wetzel: Lebensmut, S. 9f. u. 47ff.
14 Brenner: Nach dem Holocaust, Bl. 60.
15 UNRRA = United Nations Relief and Rehabilitation Administration (Nothilfe- und Wiederaufbauverwaltung der Vereinten Nationen). Die Hauptaufgabe dieser im Oktober 1943 gegründeten Organisation bestand in der Erfassung, Betreuung und Rückführung von DPs einschließlich der überlebenden Konzentrationslagerhäftlinge. (Vgl. Königseder/Wetzel: Lebensmut, S. 31ff.)
16 Bericht 23.8.1946, in: ARSK SK 4, Bl. 229.
17 Königseder/Wetzel: Lebensmut., S. 26f.
18 Ebd, S. 55.
19 Bericht an MR Köln 6.11.1946 mit Abschriften an MR SK, LR SK u. BM Herchen, in: ARSK SK 1, Bl. 128f.
20 Bericht Abt. Flüchtlingsfürsorge 19.11.1946, in: ARSK SK 6, Bl. 9.
21 Paul: Versammlungstätigkeit, S. 81f.
22 Thomas: Wiedergutmachung, S. 400f.

Ehrenmal für Zwangsarbeiter anderer Nationalitäten

EHEMALIGE FREMDARBEITER UND KRIEGSGEFANGENE

Je länger der Zweite Weltkrieg andauerte und je mehr deutsche Arbeitskräfte zur Wehrmacht eingezogen wurden, desto mehr Fremdarbeiter und Kriegsgefangene wurden in der deutschen Wirtschaft eingesetzt. Auf dem Höhepunkt des Ausländereinsatzes im August 1944 waren 26,5% aller Beschäftigten in Deutschland Kriegsgefangene und ausländische Zivilarbeiter, die ganz überwiegend zum Arbeitseinsatz in Deutschland gezwungen worden waren. Zu Beginn des letzten Kriegsjahres arbeiteten 1,93 Millionen Kriegsgefangene und 5,72 Millionen ausländische Zivilarbeiter in Deutschland.

Ohne die massenhafte Beschäftigung von Zwangsarbeitern und Kriegsgefangenen hätte Deutschland den Zweiten Weltkrieg aus Mangel an Arbeitskräften »spätestens im Frühjahr 1942 verloren«.[1]

1940 trafen in Siegburg 671 ausländische Arbeiter ein. Unter ihnen waren 283 Polen und 280 Niederländer. In der Kreisstadt wurden die weitaus meisten Fremdarbeiter in der Rheinischen Zellwolle AG eingesetzt.[2] In diesem Unternehmen wurde seit 1938 die Chemiefaser Zellwolle produziert, die Baumwolle und Wolle bei der Textilherstel-

Rheinische Zellwollfabrik in Siegburg. Links des Schornsteins, auf der Höhe der zweiten Lüftungsklappe von oben, eine Zwangsarbeiterbaracke hinter einem hohen Zaun, um 1942

lung so weit wie möglich ersetzen sollte.³ 1941 trafen in Siegburg 1.059 Fremdarbeiter ein. Das größte Kontingent bildeten in diesem Jahr die Belgier mit 502 Männern und 262 Frauen. Außerdem kamen 194 polnische Arbeitskräfte (darunter 65 Frauen) und 81 Niederländer (darunter 14 Frauen). Auch diese Fremdarbeiter wurden »mit geringen Ausnahmen« bei der Rheinischen Zellwolle eingesetzt. Für die polnischen Arbeitskräfte bestand dort »grundsätzlich Lagerzwang«. 1942 kamen 1.867 Fremdarbeiter nach Siegburg, die teilweise auch in einem Lager der Deutschen Arbeitsfront in Hangelar untergebracht wurden. Im Mai und August 1942 trafen »größere Transporte« sowjetischer Zwangsarbeiter ein, bei denen es sich meist um Ukrainer handelte. 1943 erhielt Siegburg weitere 1.118 ausländische Arbeitskräfte. Im Jahre waren in der Kreisstadt rund 1.300 ausländische Arbeiter gemeldet.⁴ Unter den 3.000 Beschäftigten der Klöckner-Werke in Troisdorf befanden sich im Januar 1945, wie sich ein Oberingenieur des Unternehmens später erinnerte, 480 ausländische Arbeiter und 170 »Strafgefangene verschiedener Nationalität«.⁵ Im gesamten Siegkreis wurden im August 1944 ca. 11.000 Fremdarbeiter beschäftigt.⁶

Weil die alliierten Streitkräfte Anfang April 1945 im weiten Bogen um das Ruhrgebiet herum den »Ring geschlossen« hatten, bestand im Siegkreis zu diesem Zeitpunkt »keine Möglichkeit mehr, die Ausländer abzuschieben«. Sie sollten stattdessen im Kreisgebiet »in Lagern zusammengefasst und nur die verpflegt werden, die auch tatsächlich arbeiten«. Auf alle Fälle sollten »größere Trupps Ausländer geschlossen nach Much überführt werden«.⁷ Zuvor dürfte allerdings eine unbekannte Zahl von Zwangsarbeitern ins Landesinnere verschleppt worden sein, wie sich der Siegburger Kriegschronik entnehmen lässt. In Siegburg hielt sich in den Wirren der letzten Kriegsphase Anfang 1945 neben den ca. 1.200 registrierten Zwangsarbeitern »eine große Anzahl geflüchteter oder durchgeschleuster Ausländer aller Nationen […] auf. Obschon versucht wurde, alle ausländischen Arbeitskräfte aus Siegburg zu evakuieren, wurden nach Einrücken der amerikanischen Truppen 946 ausländische Arbeiter als Zwangsverschleppte registriert« und auf Armeefahrzeugen abtransportiert.⁸

Nach der Besetzung des Siegkreises richtete die amerikanische Militärregierung in Porz-Wahn, das im benachbarten Rheinisch-Bergischen Kreis lag, ein großes Durchgangslager für rund 20.000 ehemalige Zwangsarbeiter ein.⁹ Das Lager befand sich in einer früheren Wehrmachtskaserne am Rande der Wahner Heide.¹⁰ In Oberkassel und Neunkirchen gab es zwei kleinere Lager für zusammen 2.000 Personen.¹¹ Das Lager in Oberkassel war in der Betonwarenfabrik Hüser & Co. untergebracht und bestand noch Anfang 1947.¹² Das Lager in Neunkirchen wurde im Gebäude eines 1939 von den Nationalsozialisten geschlossenen katholischen Knabenkonvikts eingerichtet.¹³ Außerdem ist noch ein weiteres Lager für frühere Zwangsarbeiter auf dem Gelände der Rheinischen Zellwolle in Siegburg bekannt.¹⁴

Der amerikanische Militärgouverneur erklärte den Bürgermeistern Anfang Mai 1945, dass nicht nur die Versorgung der einheimischen Bevölkerung und der gefangen genommenen deutschen Soldaten, sondern auch die der ehemaligen ausländischen Arbeitskräfte »ein sehr schwieriges Problem«

sei.¹⁵ Der Siegkreis musste die vorhin genannten Lager mit Gebrauchsgegenständen ausrüsten und war auch für die Verpflegung und Bekleidung der dort untergebrachten ehemaligen Zwangsarbeiter verantwortlich.¹⁶ Die Bekleidung stammte aus Sammlungen in der Bevölkerung, die die Militärregierung angeordnet hatte.¹⁷ Die britische Besatzungsmacht wies 1946 in einer Bekanntmachung darauf hin, dass 93% der Nahrungsmittel für die ehemaligen Zwangsarbeiter importiert würden, »obwohl die deutsche Bevölkerung die Verantwortung für die Ernährung dieser schwer betroffenen Menschen« trage.¹⁸

Der größte Teil der aus den west-, nord- und südeuropäischen Ländern stammenden Zwangsarbeiter verließ Deutschland schon in den ersten Wochen nach Kriegsende. Langwieriger gestaltete sich die Rückführung der sowjetischen und osteuropäischen Kriegsgefangenen und Zivilarbeiter, da die Sowjetunion viele der ehemaligen »Deutschlandarbeiter« als Kollaborateure des NS-Regimes betrachtete. Daher wollten insbesondere die aus der Ukraine, dem nun im sowjetischen Machtbereich liegenden Ostpolen und den baltischen Ländern kommenden früheren Zwangsarbeiter sich nicht repatriieren lassen. Außerdem erlaubten die sowjetischen Militärbehörden den Rücktransport der polnischen Zwangsarbeiter durch ihre Besatzungszone erst, nachdem die Rückführung der sowjetischen Fremdarbeiter und Kriegsgefangenen abgeschlossen war. Bis auf einige Zehntausend sind alle osteuropäischen Zwangsarbeiter repatriiert worden.¹⁹

Anmerkungen:

1 Herbert: Ausländerpolitik, S. 147.
2 StA Sbg Slg Kriegschronik I A–6, Bl. 6.
3 Paul: Belastung der Umwelt.
4 StA Sbg Slg Kriegschronik I A–6, Bl. 7 10.
5 Ossendorf: Amis, S. 3.
6 Bericht LR an RP 17.8.1944, in: ARSK LSK 3317, Bl. 36ff.
7 Schr. Bierhoff an LR 3.4.1945, in: ARSK LSK 3322, Bl. 119. In Much, das am weitesten von der Hauptkampflinie an der Sieg entfernt lag, befand sich ein früheres Reichsarbeitsdienstlager, in das 1941 Juden aus dem Siegkreis vor ihrer Deportation eingewiesen worden waren.
8 StA Sbg Slg Kriegschronik I A–6, Bl. 10.
9 Bericht Besatzungsamt 25.1.1946, in: ARSK SK 59, Bl. 32.
10 Die Geschichte des Militärs in der Wahner Heide, in: www.luftwaffe.de/portal/a/luftwaffe/...jsp (15.2.2010). In dieser Mitteilung wird fälschlich nur von 15.000 DPs gesprochen.
11 Bericht Besatzungsamt 25.1.1946, in: ARSK SK 59, Bl. 32.
12 Schr. Amtsdirektor Oberkassel an OKD 15.1.1947, in: ARSK SK 7, Bl. 22.
13 Geschichte des Antoniuskollegs nach dem Krieg, S. 1, in: www.antonius-kolleg.de/images/Chronik/ChronikAKab1957.pdf. (15.2.2010).
14 Monatsbericht OKD an MR SK Februar 1947, Anlage J 2, in: ARSK SK 6, Bl. 91. Es ist nicht ausgeschlossen, dass es im Siegkreis noch weitere Lager für ehemalige Zwangsarbeiter gegeben hat.
15 Niederschr. BMDV 7.5.1945, in: ARSK SK 384, Bl. 2.
16 Bericht Besatzungsamt 25.1.1946, in: ARSK SK 59, Bl. 32.
17 VB SK 1945, in: ebd., Bl. 58ff.
18 Das Plakat ist veröffentlicht bei Klefisch: Ernährungslage, S. 129.
19 Herbert: Ausländerpolitik, S. 181ff.

„Gedenkstein bei Bonn-Duisdorf, von der Kirchengemeinde an der Stelle errichtet, wo unser P. Constantin Orfgen OSB am 4. August 1945 von polnischen Zivilarbeitern ermordet wurde."
Bild und Text aus der Bildchronik der ehemaligen Benediktinerabtei St. Michael, Siegburg, Bd. IV, 1945-1950

ÖFFENTLICHE SICHERHEIT

Schon geraume Zeit vor Kriegsende »häuf[t]en sich«, wie Landrat Weisheit Mitte August 1944 dem Regierungspräsidenten meldete, »in einem fast erschreckenden Maße in den ländlichen Bezirken des Kreises Flur-, Garten- und Kellerdiebstähle. Vermutlich werden diese Diebstähle durch ausländische Zivilarbeiter, insbesondere flüchtige Ostarbeiter, ausgeführt.«[1] Der Versuch des Landrats, Zwangsarbeiter für die Diebstähle verantwortlich zu machen, war symptomatisch für die letzte Kriegsphase. Ausländische Arbeiter dienten als Sündenböcke für die stark zunehmenden Plünderungen in Deutschland, die »häufig [...] generell den Ausländern zugeschoben« wurden, obwohl nicht wenige auch auf das Konto von Deutschen gingen.[2]

Nach den schweren Luftangriffen auf Eitorf im März 1945 holten »[h]iesige und zugewanderte Menschen [...] aus den verlassenen Wohnungen und Geschäftshäusern im Ortskern heraus, was sie erreichen konnten. [...] Bei diesem verwerflichen Tun sah man Menschen aller Volksschichten und mancher war dabei, von dem man derartiges niemals hätte erwarten dürfen.«[3] Zu den Plünderern in Eitorf gehörten auch Wehrmachtssoldaten, die sich gegenüber konsternierten Einheimischen mit der Bemerkung rechtfertigten: »Der Ami holt es ja doch.«[4] In den letzten Wochen des untergehenden NS-Regimes erhielten die Zwangsarbeiter fast überhaupt keine Nahrungsmittel mehr. Daher ist es nicht verwunderlich, dass sie, wie der Bürgermeister von Wahlscheid im März 1945 berichtete, »in großer Zahl bettelnd und meist in den Waldungen übernachtend« umhertrieben.[5]

Nach Kriegsende wurde die Lage vor allem in den ländlichen Gebieten des Siegkreises noch unsicherer, obwohl die Militärregierung von Anfang an gegen die weiter zunehmenden Plünderungen und Raubüberfälle vorging. Die Kreisverwaltung sah in den ehemaligen ausländischen Arbeitern, von denen offenbar nicht wenige sich nun für ihre schlechte Behandlung während des Kriegs rächten, die Hauptübeltäter. Im Verwaltungsbericht für 1945 hieß es:

»*Wie immer in Krisenzeiten nahm beim Zusammenbruch des Reiches die Kriminalität beträchtlich zu. Unlautere Elemente, darunter vielfach Ausländer, die früher hier als Kriegsgefangene oder zivile Arbeitskräfte tätig waren, sahen ihre Zeit gekommen. Zeitweise waren Bandenüberfälle auf einsam liegende ländliche Gehöfte geradezu eine Landplage.*«[6]

Der Bürgermeister von Sieglar meldete, dass »Gruppen ehemaliger russischer Gefangener und Zivilarbeiter aus dem Lager Wahn die hiesige Gegend unsicher machen. Diese Leute dringen in Gehöfte und in sonstige Privathäuser ein und verschaffen sich mit Gewalt bedeutende Lebensmittelmengen, rauben Vieh und gefährden so unsere Ernährung aufs allerschwerste.«[7] Im Amt Lohmar verging in den ersten Wochen nach Kriegsende »kaum eine Nacht, wo nicht offene Raubüberfälle und Plünderungen verübt« wurden. Anfang Mai 1945 wurde in Klasberg, das zu der im Amt Lohmar liegenden Gemeinde Scheiderhöhe gehörte, »der Bauer Julius Becker von plündernden Banden erschossen und sein Sohn schwer verletzt«.[8] In der ebenfalls im Amt Lohmar liegenden Gemeinde Altenrath sind nach Angaben des Gemeinderats »sieben Leute [...] dem Russenterror zum Opfer gefallen«.[9] In der Gemeinde Braschoß (Amt Lauthausen) bedrohte eine »bewaffnete Bande von Ukrainern« die Bevölkerung, plünderte Häuser aus und stahl Lebensmittel und Kleinvieh.[10] Auch in Hennef nahmen Raubüberfälle, Diebstähle und andere Straftaten »ein erschreckendes Ausmaß« an, wofür die Gemeindeverwaltung vor allem »das Herumlungern von Polen und Russen« verantwortlich machte.[11] In Siegburg beruhigte sich dagegen die Lage schon im Mai 1945 wieder.[12]

In einer Dienstbesprechung der Bürgermeister Mitte Mai 1945 erklärte Landrat Bierhoff »zu der Ausländerfrage, dass die Militärregierung jetzt dankenswerterweise Truppen zur Bekämpfung der Räubereien und Plünderungen eingesetzt habe, so dass mit einer Beseitigung dieses Übelstands gerechnet werden könne«.[13] So wurden die in Braschoß umherstreifenden Ukrainer »durch Truppen der amerikanischen Besatzungsarmee unschädlich gemacht«.[14] »Um den Räubereien und Plünderungen ein Ende zu bereiten«, forderte der Militärgouverneur die Bürgermeister Anfang Juni auf, zu melden, »wo sich noch Ausländer befinden und wo sie ihren Unterschlupf haben. Die Militärbehörde werde dafür sorgen, dass die betreffenden Ausländer innerhalb 24 Stunden abtransportiert würden.«[15]

In Wirklichkeit war es schwieriger als erwartet, die Raubzüge und Plünderungen ehemaliger Zwangsarbeiter zu unterbinden, denn Mitte Juni räumte der für den Wiederaufbau der Polizei verantwortliche Mitarbeiter der Kreisverwaltung ein, »dass die Räubereien und Plünderungen in der letzten Zeit immer größere Ausmaße angenommen« und »zu einer außerordentlichen Beunruhigung der Bevölkerung, insbesondere in den ländlichen Gemeinden«, geführt hätten. Gegen die »Plünderer und sonstigen verdächtigen Personen« sollten verstärkt »Polizeistreifen eingesetzt werden«.[16] Die Polizei war nach Ansicht der Kreisverwaltung aber machtlos, weil sie keine Schusswaffen tragen durfte. Die Militärregierung beabsichtigte deshalb, »besondere Einsatztrupps« aufzustellen und diese mit Waffen auszustatten.[17]

Nach Schätzung des Besatzungsamts bei der Kreisverwaltung belief sich der Schaden, der »durch Plünderungen und Überfälle von Ausländern in den einzelnen Gehöften und Dörfern des Siegkreises« bis Ende 1945 angerichtet wurde, auf rund 300.000 RM. Verglichen mit den von den Besatzungstruppen durchgeführten ordnungsmäßigen oder wilden Requisitionen, die einen Wert von ungefähr 18 Millionen RM erreichten, war der von ehemaligen Zwangsarbeitern verursachte Schaden eher gering.[18] Dennoch sah die Kreisverwaltung in den »regelmäßig« verübten Plünderungen einen »wesentliche[n] Grund« für die Schwierigkeiten bei der Versorgung von Flüchtlingen und Vertriebenen mit Einrichtungsgegenständen.[19] Bei der Betrachtung der von früheren Zwangsarbeitern begangenen Delikte ist auch zu beachten, dass die intensive Beschäftigung deutscher Behörden mit deren Straftaten nicht nur von der auch unter Einheimischen »grassierenden Kriminalität ablenken, sondern auch das schlechte Gewissen über die

Behandlung der Ausländer überhaupt und der sowjetischen Arbeitskräfte im Besonderen in den Jahren zuvor kompensieren« sollte.[20]

Im Sommer 1945 häuften sich, wie Kreisarzt Dr. Engerling in einer Dienstversammlung der Bürgermeister Anfang August berichtete, »die Anzeigen wegen Vergewaltigung deutscher Frauen durch Russen mit dem Antrag auf Schwangerschaftsunterbrechung«. Weil weder nach deutschem noch nach britischem Recht bei Vergewaltigungen eine Schwangerschaftsunterbrechung erlaubt sei, könnten »nur polizeiliche Ermittlungen zur Klarstellung des Tatbestands angestellt« und »der Vorgang an das Kreisgesundheitsamt abgegeben werden«.[21] Einige Zeit später erlaubte der Oberpräsident der Nord-Rheinprovinz vergewaltigten Frauen einen Schwangerschaftsabbruch, »wenn ernste Gefahr für Leben und Gesundheit der Schwangeren bestehe. In diesen Fällen sei eine Bescheinigung von zwei Ärzten, darunter einem Facharzt, notwendig.«[22]

Die unsichere Lage vor allem in den ländlichen Gemeinden hatte ihren Grund auch darin, dass es nach Kriegsende einschneidende Veränderungen bei der Polizei gegeben hatte. Die Besatzungsmächte hielten die Polizei aufgrund ihrer Einbindung in den Unterdrückungsapparat des NS-Regimes für stark belastet und wenig vertrauenswürdig. Im Siegkreis waren alle 75 Polizeibeamten, die am Anfang der Besatzungszeit im Dienst waren, NSDAP-Mitglieder gewesen. Rund ein Drittel von ihnen hatte »eine Funktion in der Partei aus[geübt]«, über die nichts Näheres bekannt ist. Diese 27 Aktivisten wurden von der Militärregierung als »nicht tragbar« entlassen. Die übrigen 48 Polizeibeamten blieben vorerst im Dienst. Als Ersatz für die entlassenen Polizisten wurden 26 Hilfspolizeibeamte »mit einwandfreier politischer Vergangenheit« eingestellt, die sich bei der Bekämpfung der Bandenkriminalität und des Schwarzmarkts aber nicht bewährten.[23]

Militärregierung und Kreisverwaltung waren sich weitgehend darin einig, dass die »jetzigen Hilfspolizisten [...] nicht genügend geschult, unerfahren und zum Teil auch zu alt [seien]. Es sei unbedingt notwendig, dass die ungeeigneten Personen durch andere zuverlässige Leute [...] ersetzt« würden.[24] Im September 1945 waren »genügend tüchtige Leute vorhanden [...], um die bisherigen Hilfspolizisten zu ersetzen«.[25] Obwohl im Januar 1946 die auf 238 Mann festgesetzte Sollstärke der Polizei im Siegkreis noch nicht erreicht war und es erst 210 Polizisten gab, waren inzwischen bis auf acht alle Hilfspolizisten entlassen worden, weil sie »den Einstellungsvorschriften für Polizeianwärter nicht genügten«.[26]

Der Kreisverwaltungsbericht für 1945 vermerkte, dass die Raubüberfälle nachgelassen hätten, nachdem »die größte Zahl der Ausländer abtransportiert worden« sei. Allerdings gebe es »noch hier und da Überfälle in ländlichen Gebieten des Kreises«.[27] Unterdessen nahmen die Einbrüche in Lebensmittelgeschäfte und der Diebstahl von Kleinvieh, Feld- und Gartenfrüchten einen solchen Umfang zu, dass Anfang 1946 auf Anordnung des Regierungspräsidenten in allen ländlichen Gemeinden Selbstschutzgruppen gegründet werden sollten. Bis April meldeten sich im Siegkreis 215 Teilnehmer, die Nachtausweise und weiße Armbinden erhielten, jedoch keine Waffen tragen durften. Oberkreisdirektor Clarenz hielt ihre Bewaffnung auch nicht für unbedingt erforderlich, weil die Selbstschutzleute eng mit der inzwischen wieder bewaffneten Polizei zusammenarbeiten sollten. Freilich glaubte er, dass der Selbstschutz zur wirksamen Bekämpfung von Felddiebstählen personell noch viel zu schwach sei.[28]

Wie ein Beschluss des Gemeinderats von Scheiderhöhe (Amt Lohmar) vom Mai 1948 zur Gründung eines Selbstschutzes zeigt, konnten die zum Teil gewerbsmäßig organisierten Diebesbanden in den ländlichen Gebieten des Siegkreises noch geraume Zeit ihr Unwesen treiben, ohne dass die Polizei viel ausrichtete. Der Gemeinderat klagte:

»Die Unsicherheit auf dem Lande nimmt überhand. Hühner, Ziege, Schaf des kleinen Mannes wandern durch Einbrecher-, Diebes- und Hehlerhände ebenso zum Schwarzmarkt wie die Kuh des Kleinbauern, die Gans und das Kaninchen des Arbeiters. Weidefrevel und Flurdiebstähle sind an der Tagesordnung. Kartoffeln wurden schon im Vorjahr halbreif geerntet, um sie vor teilweise sogar motorisierten Schwarzmarktbanden für die Allgemeinheit zu retten.«

Der Gemeinderat von Scheiderhöhe hoffte, dass sich genügend Einwohner freiwillig in eine »Ehrendienstliste« zum Schutz der Feldflur eintragen würden.[29] Gemeinsam mit der Polizei sollte der Selbstschutz die Zufahrtsstraßen, Brücken, Felder und verstreut liegenden Einzelgehöfte und kleinen Ortschaften des dünn besiedelten, nicht allzu weit von Köln entfernten Gemeindegebiets bewachen.

Wie der Selbstschutz funktionierte, beschrieb der Ehrenamtsbürgermeister von Lauthausen im August 1946 in einem Brief an den *Amtlichen Anzeiger*, den er »an bevorzugter Stelle« veröffentlicht sehen wollte. In den zum Amt Lauthausen gehörenden Gemeinden Bödingen, Altenbödingen, Lauthausen, Happerschoß und Braschoß würde

»allnächtlich eine aus mehreren Männern bestehende Selbstschutzwache eingesetzt, die die Bevölkerung vor Raubüberfällen zu schützen hat. Die Wachhabenden sind mit Feuerwehrhörnern ausgerüstet und an den Häusern sind als Alarmglocken Kartuschen aus Batteriefeuerstellungen angebracht. Bei Annäherung von Banden alarmieren entweder die Wachen oder die Hausbewohner selbst das ganze Dorf. Die Bewohner haben Anweisung, sofort in sämtlichen Zimmern ihrer Häuser Licht einzuschalten und sich selbst in Richtung auf die Alarmstelle zu sammeln. Das Schicksal, das der Banditen von den sicher nicht leeren Bauernfäusten harrt, mögen sie sich selbst vorher ausmalen oder es sich von ihren russischen oder polnischen Kollegen aus dem vorigen Sommer erzählen lassen, die versuchten, sich mit den Dörfern dieser Bürgermeisterei zu beschäftigen.«

Nach längerem Zögern entschied die Redaktion des *Amtlichen Anzeigers*, dass eine »Veröffentl.[ung] unterbleibt«.[30] Vermutlich erschien es der Kreisverwaltung nicht ratsam, die in der Leserzuschrift angedrohte Form von Selbstjustiz in dem mit Genehmigung der Militärregierung herausgegebenen Mitteilungsblatt des Kreises abzudrucken.

Anmerkungen:

1 ARSK LSK 3317, Bl. 36ff.
2 Herbert: Ausländereinsatz, S. 181.
3 Ersfeld: Kriegschronik, S. 97.
4 Zit. n. ebd., S. 119.
5 Schr. BM Wahlscheid an LR 12.3.1945, in: ARSK LSK 3322, Bl. 84.
6 ARSK SK 59, Bl. 58ff.
7 Schr. an LR 5.5.1945, in: ARSK LSK 3320, Bl. 31f.
8 Schr. AmtsBM Lohmar an LR 14.5.1945, in: ebd., Bl. 14f.
9 Niederschr. Sitzung GemV Altenrath 4.2.1948, in: ARSK SK 193, Bl. 89.
10 Schr. AmtsBM Lauthausen an LR 6.5.1945, in: ARSK LSK 3320, Bl. 10.
11 AA SK 27.4.1946.
12 Schr. BM an LR 19.5.1945, in: ARSK LSK 3320, Bl. 38.
13 Niederschr. BMDV 14.5.1945, in: ARSK SK 384, Bl. 3.
14 Schr. AmtsBM Lauthausen an LR 12.5.1945, in: ARSK LSK 3320, Bl. 8R.
15 Niederschr. BMDV 4.6.1945, in: ARSK SK 384, Bl. 9f.
16 Niederschr. BMDV 18.6.1945, in: ebd., Bl. 14ff.
17 Niederschr. BMDV 9.7.1945, in: ebd., Bl. 24ff.
18 Bericht Besatzungsamt 25.1.1946, in: ARSK SK 59, Bl. 32.
19 Niederschr. BMDV 11.3.1946, in: ARSK SK 1, Bl. 4ff.
20 Herbert: Ausländerpolitik, S. 182.
21 Niederschr. BMDV 6.8.1945, in: ebd., Bl. 42f.
22 Niederschr. BMDV 1.10.1945, in: ebd., Bl. 58f.
23 Bericht 29.1.1946, in: ARSK SK 59, Bl. 19ff.
24 Niederschr. BMDV 20.8.1945, in: ARSK SK 384, Bl. 46f.
25 Niederschr. BMDV 3.9.1945, in: ebd., Bl. 50ff.
26 AA SK 16.2.1946.
27 ARSK SK 59, Bl. 58ff.
28 Niederschr. BMDV 29.4.1946, in: ARSK SK 1, Bl. 14ff.
29 AA SK 10.5.1948.
30 ARSK SK 2170, Bl. 47.

Dokumentation der Schäden an der heutigen Humperdinck-Schule, die eine Sprengbombe am 21. Oktober 1943 verursachte: „…Gebäude- und Dachschäden, Bombentrichter auf dem Schulhof."

WIEDERAUFNAHME DES SCHULUNTERRICHTS

In Siegburg wurde der Unterricht an den Volksschulen am 15. September und an den Berufs- und Höheren Schulen am 4. Oktober 1944 eingestellt.[1] Anfang 1945 wurden alle Schulen im Siegkreis geschlossen.[2] Eine für Anfang Februar 1945 geplante Evakuierung der Siegburger Schulen »mit ihren Lehrern scheiterte am Widerstand der Eltern«.[3] Von den insgesamt 138 Volksschulen im Kreisgebiet wurden 6 völlig zerstört, 18 schwer, 21 mittelschwer und 74 leicht beschädigt. Kurz nach der Einnahme des Siegkreises erklärte die amerikanische Militärregierung die Wiederaufnahme des Schulunterrichts zu einer vordringlichen Aufgabe.[4]

In einem ersten Schritt war vorgesehen, zum 1. Juli 1945 den Unterricht in den unteren vier Klassen von 60 bis 70 Volksschulen wieder aufzunehmen.[5] Dieser Termin ließ sich aus mehreren Gründen nicht einhalten. Aufgrund knapper Baustoffe zogen sich die Instandsetzungsarbeiten in die Länge. Auf Verlangen der Militärregierung mussten zudem alle Schulkinder vor Schulbeginn auf ansteckende Krankheiten untersucht werden.[6] Außerdem wurden noch viele Lehrerwohnungen »von fremden Personen bewohnt«. Nicht zuletzt waren alle Lehrer auf Anordnung der Militärregierung vor einer Weiterbeschäftigung auf ihre Mitgliedschaft in nationalsozialistischen Organisationen zu überprüfen.[7]

Klasse 1939-1941 der städtischen Berufs- und Handelsschule Siegburg mit Lehrern (sitzend), rechts Gewerbeoberlehrer Robens 1941

Der mit der Wiedereröffnung der Volksschulen im Siegkreis beauftragte Siegburger Gewerbeoberlehrer Robens erklärte in einer Bürgermeister-Dienstversammlung im Juli 1945, es werde schwierig sein, unbelastete Lehrer zu finden, da »fast alle Lehrkräfte Mitglied der NSDAP« gewesen seien. Um die Personalnot zu lindern, habe die Militärregierung verfügt, dass »eine beschränkte Anzahl von Lehrern und Lehrerinnen, die Parteimitglied waren, wieder in Dienst gestellt werden« könnten. Für eine Wiedereinstellung kämen aber nur solche Lehrer in Betracht, »die sich in der Partei nicht aktiv betätigt und innerlich nicht mit der Partei sympathisiert« hätten. Robens hatte schon die Lehrer, »die er nach Prüfung der Fragebogen für politisch tragbar« hielt, in Listen erfasst. Er bat die Bürgermeister, die Vorgeschlagenen ebenfalls »auf ihre politische Vergangenheit hin näher [zu] prüfen.« Danach werde er die Listen der Militärregierung zur Entscheidung vorlegen.[8] Landrat Clarenz berichtete in der Eröffnungssitzung des Kreistags im Januar 1946, der Militärregierung hätten ca. 600 Fragebogen von Lehrern aus dem Siegkreis zur Prüfung vorgelegen. Die Militärregierung habe 76 Planstelleninhaber an den Volksschulen »wegen ihrer aktiven Betätigung in der NSDAP entlassen und etwa 150 Lehrpersonen suspendiert«.[9]

Der anfängliche Lehrermangel, der durch die Entlassung belasteter Lehrer, aber auch dadurch entstand, dass Lehrer sich noch in Kriegsgefangenschaft befanden oder gefallen waren, konnte schon 1946 durch die Anstellung entnazifizierter bzw. neu ausgebildeter Lehrer und Schulhelfer weitgehend behoben werden. Zu den Schulhelfern gehörten auch Studenten.[10] Über ein Viertel der Lehrer waren Junglehrer und Schulhelfer, deren »Ausbildung […] von erfahrenen Lehrkräften durchgeführt« wurde. Vielerorts fehlten noch »geeignete« Rektoren, weil die Militärregierung ehemaligen NSDAP-Mitgliedern nicht die Leitung von Schulen anvertrauen wollte.[11]

Am 11. September 1945 begann an 65 bzw. 68 Volksschulen des Siegkreises für rund 7.000 Schüler der unteren vier Klassen wieder der Unterricht.[12] Bei der Wiedereröffnung der Schulen im Siegkreis war »die Schülerzahl überall erheblich angestiegen«.[13] Da zu diesem Zeitpunkt erst wenige Flüchtlinge und Vertriebene in den Siegkreis gekommen waren, kann diese Zunahme nur auf den Zuzug von Evakuierten aus den umliegenden Großstädten während des Zweiten Weltkriegs zurückzuführen sein. Für den Unterricht standen zunächst 130 bzw. 134 Lehrkräfte zur Verfügung.[14]

Bis zu den Weihnachtsferien 1945/46 begann an weiteren 20 Volksschulen im Siegkreis der Unterricht. Mit Erlaubnis der Militärregierung wurden am 3. Januar 1946 die Klassen 5 bis 8 der Oberstufe der Volksschule wieder eingeschult.

Anfang 1946 waren 102 der früheren 138 Volksschulen wieder voll in Betrieb. In ihnen unterrichteten 260 Lehrer und Lehrerinnen 14.600 Volksschüler, was einer durchschnittlichen Klassenstärke von 56 Schülern entsprach. 2.000 der wieder eingeschulten Kinder erhielten wegen Raummangels nur verkürzten Unterricht.[15] Rund 4.500 Volksschüler hatten Anfang 1946 überhaupt noch keinen Unterricht. Nach einer von der Militärregierung in der britischen Besatzungszone anberaumten Elternabstimmung wurde im Siegkreis im März 1946 die von den Nationalsozialisten mit Beginn des Schuljahres 1939 abgeschaffte Bekenntnisschule im Bereich der Volksschulen wieder eingeführt.[16]

Mit der Wiedereröffnung der Mittelschulen, der späteren Realschulen, von denen es drei im Siegkreis gab, war »nicht vor Ostern 1946« zu rechnen. In der Schule in Much waren noch Besatzungstruppen einquartiert, die Schule in Königswinter verfügte noch nicht über genügend Lehrer und das stark beschädigte Schulgebäude in Troisdorf war noch nicht wieder instand gesetzt.[17] Anfang 1946 waren fünf der sechs im Siegkreis vorhandenen höheren Schulen wieder eröffnet. Die Oberschule in Honnef nahm am 6. Oktober 1945 wieder ihren Betrieb auf. Am 18. Oktober folgte das städtische Lyzeum mit einer Frauenfachschule und Studienanstalt in Königswinter. Bei dieser Schule handelte es sich um eine Neugründung. Am 25. Oktober begann der Unterricht an der staatlichen Oberschule für Jungen und der städtischen Oberschule für Mädchen in Siegburg, wobei die Mädchen, deren Schulgebäude im Krieg zerstört worden war, im Gebäude der Oberschule für Jungen Unterricht erhielten. Die private Ernst-Kalkuhl-Oberrealschule in Oberkassel richtete, weil in ihren Gebäuden noch ehemalige Zwangsarbeiter untergebracht waren, an verschiedenen Stellen des Ortes Schulräume ein und nahm den Schulbetrieb am 19. November 1945 wieder auf. Nur die Oberschule in Eitorf war Anfang 1946 noch geschlossen. In ihrem Gebäude war die Gemeindeverwaltung untergebracht, weil das Rathaus im Krieg zerstört worden war. Es war vorgesehen, die Eitorfer Oberschüler nachmittags in den Klassenräumen der Volksschule zu unterrichten.[18]

Unbefriedigend war anfangs auch die Unterrichtssituation der Berufsschüler. Von den fünf im Siegkreis bestehenden Berufsschulen waren Anfang 1946 erst die Schulen in Honnef, Siegburg und Troisdorf »in kleinerem Umfang« wieder geöffnet und unterrichteten rund 1.500 Jugendliche. Die Schulen in Hennef und Eitorf waren noch geschlossen. Den Berufsschulen fehlte es sowohl an Lehrkräften als auch an Unterrichtsräumen und Mobiliar. Die Handels- und Haushaltungsschule in Siegburg wurde am 13. November 1945 wieder eröffnet. Außerdem erhielten die in der Landwirtschaft beschäftigten Jugendlichen seit Januar 1946 in Lohmar, Much, Neunkirchen und Sieglar Fortbildungsunterricht.[19] Im Laufe des Jahres 1946 nahmen alle Schulen im Siegkreis ihren Betrieb wieder auf.[20]

Der weiter oben beschriebene Zustrom von Evakuierten, Flüchtlingen und Vertriebenen machte vor allem den Ausbau der Volksschulen notwendig. Nicht überall wurde diese Einsicht geteilt. So weigerte sich der Gemeinderat von Herchen im Januar 1948 einmütig, vier neue Lehrerstellen einzurichten. Das Schulamt Siegburg hatte »eine zweite Stelle an der katholischen Schule Leuscheid (72 Kinder), eine dritte Stelle an der katholischen Schule Herchen (107 Kinder), eine zweite Stelle an der evangelischen Schule Kocherscheid (58 Kinder) [und] eine zweite Stelle an der evangelischen Schule Schneppe (61 Kinder)« verlangt. Der Gemeinderat hielt diese Forderung für »völlig unberechtigt«, weil die höheren Schülerzahlen »ausschließlich durch Zuwachs an Flüchtlings- und Evakuiertenkinder hervorgerufen [würden], für welche die Gemeinde nach der geltenden Rechtslage jede finanzielle Verpflichtung und somit auch die Übernahme von mittelbaren Lasten und Kosten ablehnen« müsse. Außerdem erwartete der Gemeinderat, »dass die Lehrkräfte die geringen Überschreitungen der Schülermesszahlen in Kauf nehmen, zumal in früherer Zeit unter geordneten Finanzverhältnissen weit höhere Durchschnittszahlen eine Selbstverständlichkeit bedeuteten«.[21] Der Ausgang des Streits zwischen der Gemeinde Herchen und dem Kreisschulamt ist nicht bekannt, doch ist kaum anzunehmen, dass sich der Gemeinderat mit seiner schroff ablehnenden Haltung durchsetzen konnte. Bei einem ähnlich gelagerten Konflikt in der Gemeinde Heisterbacherrott richtete der Regierungspräsident nach längerem Widerstand des Gemeinderats zwangsweise eine dritte Lehrerstelle an der dortigen Volksschule ein, die von 140 Kindern besucht wurde.[22]

Dagegen sahen der Gemeinderat von Uckendorf und die Gemeindeversammlung von Stockem die Notwendigkeit der Einrichtung einer zweiten Lehrerstelle an ihrer gemeinsamen Volksschule, die 70 Schüler besuchten, ein und ersuchten die Schulaufsichtsbehörde um einen »angemessenen Ergänzungszuschuss zu den Mehrkosten des Schuletats«.[23] Auch der Gemeinderat von Winterscheid, wo ein Lehrer 100 Kinder unterrichtete, hielt einen weiteren Lehrer für notwendig und bat den Amtsdirektor von Ruppichteroth, beim Schulamt mit dem Hinweis, dass unter den Schülern 41 Kinder von Ostflüchtlingen und Evakuierten seien, »eine entsprechende Beihilfe zu erwirken«.[24] Bis Ende 1946 wurden im Siegkreis »[i]nfolge des Zustroms von Flüchtlingskindern« 82 neue Lehrerstellen geschaffen. 18 der neu eingestellten Lehrer waren selbst Vertriebene.[25]

Anmerkungen:

1 StA Sbg Slg Kriegschronik I A–1, Bl. 9.
2 VB SK 1945, in: ARSK SK 59, Bl. 58ff.
3 StA Sbg Slg Kriegschronik I A–7, Bl. 14.
4 VB SK 1945, in: ARSK SK 59, Bl. 58ff.
5 Niederschr. BMDV 18.6. u. 23.7.1945, in: ARSK SK 384, Bl. 14ff. u. Bl. 34ff.
6 Niederschr. BMDV 20.8.1945, in: ebd., Bl. 46f.
7 Niederschr. BMDV 3.9.1945, in: ebd., Bl. 50ff.
8 Niederschr. BMDV 25.7.1945, in: ARSK SK 384, Bl. 34ff.
9 ARSK SK 59, Bl. 1ff.
10 Benz: Auftrag Demokratie, S. 135.
11 Bericht Schulrat 23.12.1946, in: ARSK SK 2170, Bl. 98; Arbeitsberichte Kreisverw. 1946, in: ARSK SK 4724, Bl. 7.
12 Lt. VB SK 1945 (ARSK SK 59, Bl. 58ff.) waren es 65 Schulen, nach anderen Angaben 68 Schulen mit ca. 6.500 Kindern. (Schr. Kreisschulamt an LR 24.9.1945, in: ARSK SK 2170, Bl. 8)
13 VB SK 1945, in: ARSK SK 59, Bl. 58ff.
14 Im VB SK 1945 wurde von 130, im Kölnischen Kurier v. 2.10.1945 von 134 Lehrern gesprochen.
15 VB SK 1945, in: ARSK SK 59, Bl. 58ff.
16 Bericht Kreisschulrat 23.12.1946, in: ARSK SK 2170, Bl. 98. Das Abstimmungsergebnis im Siegkreis ist nicht bekannt.
17 VB SK1945, in: ARSK SK 59, Bl. 58ff.
18 Ebd.; Schr. Kreisschulamt an LR 27.1.1946, in: ebd., Bl. 48ff. Das Eitorfer Rathaus war bei einem Bombenangriff am 17.3.1945 zerstört worden. (Vgl. Ersfeld: Eitorfer Kriegschronik, S. 86)
19 VB SK 1945, in: ARSK SK 59, Bl. 58ff.
20 Bericht Kreisschulrat 23.12.1946, in: ARSK SK 2170, Bl. 98.
21 Niederschr. Sitzung GemV Herchen 13.1.1948, in: ARSK SK 189, Bl. 33f. In der frühen Nachkriegszeit lag die Schülermesszahl, die angab, wie viele Schüler ein Lehrer in einer Klasse unterrichten konnte, bei 50 bis 55 Kindern.
22 Niederschr. Sitzungen GemV Heisterbacherrott 9.12.1946 u. 22.8.1947, in: ARSK SK 183, Bl. 59f. u. 95f.
23 Niederschr. Sitzungen Gemeindeversammlung Stockem u. GemV Uckendorf 12.2.1947, in: ARSK SK 204, Bl. 34 u. 38f.
24 Niederschr. Sitzung GemV Winterscheid 2.11.1946, in: ARSK SK 205, Bl. 30.
25 Bericht Kreisschulrat 23.12.1946, in: ARSK SK 2170, Bl. 98.

DEMOKRATISIERUNG DER KOMMUNALEN SELBSTVERWALTUNG

Das nationalsozialistische Regime hatte die kommunale Selbstverwaltung in Deutschland zerstört und die Gemeinden und Landkreise zu Ausführungsorganen der NSDAP und der staatlichen Behörden degradiert. Die Bürgermeister als Hauptverwaltungsbeamte der Gemeinden waren Gefolgsmänner des »Führers« Adolf Hitler und wurden »durch das Vertrauen von Partei und Staat in ihr Amt berufen«, bestimmte § 6 der *Deutschen Gemeindeordnung* vom 30. Januar 1935. Die Mitglieder des Gemeinderats wurden nicht mehr gewählt, sondern durch einen Beauftragten der NSDAP und den Bürgermeister in ihr Amt berufen, wobei auf ihre »nationale Zuverlässigkeit« zu achten war (§ 51). Der Gemeinderat hatte über nichts mehr zu entscheiden, sondern durfte den Bürgermeister nur noch »beraten und seinen Maßnahmen in der Bevölkerung Verständnis [...] verschaffen« (§ 48).[1]

Zu den ersten Maßnahmen der amerikanischen Besatzung im Siegkreis zählte die Entlassung politisch belasteter Bürgermeister. Dabei wurden »fast alle Bürgermeister ihres Amtes enthoben und durch andere Personen ersetzt«.[2] Am 28. März 1945 ernannte der amerikanische Militärkommandant in Uckerath auf Vorschlag des Pfarrers zehn Personen zu Gemeinderäten, die den Sparkassenrendanten Pantaleon Schmitz zum Bürgermeister wählten. Er wurde vom Kommandanten bestätigt.[3] Bei der Einnahme der Kreisstadt berief der amerikanische Befehlshaber am 11. April Eugen Vogel zum neuen Bürgermeister von Siegburg.[4]

Vogel, 1892 in Siegburg geboren, war nach dem Ersten Weltkrieg in die USA ausgewandert und amerikanischer Staatsbürger geworden. Als Unternehmer brachte er es dort zu »Wohlstand und Ansehen«, doch kehrte er noch vor dem Zweiten Weltkrieg »aus Rücksicht auf den Gesundheitszustand seiner Ehefrau [...] nach Deutschland zurück«.[5] Vogel hatte keiner nationalsozialistischen Organisation angehört.[6]

Den bisherigen Kreisrechtsrat Dr. Eduard Bierhoff setzte die amerikanische Militärregierung als neuen Landrat ein. Bierhoff war in der letzten Kriegsphase mit einem kleinen Teil der Kreisverwaltung, dem sogenannten »Meldekopf«, in Siegburg zurückgeblieben, während sich Landrat Weisheit mit den meisten Mitarbeitern zunächst nach Much und später nach Neuhonrath abgesetzt hatte. Die aus diesen Tagen erhaltenen Briefe von Bierhoff an Weisheit, mit denen der Kreisrechtsrat den Landrat über das Geschehen in der Kreisstadt informierte, schlossen mit der Grußformel: »Mit freundlichen Grüßen und Heil Hitler. Ihr sehr [oder auch »stets«] ergebener Eduard Bierhoff«. Ende Mai 1945 wurde Bierhoff wegen seiner NSDAP-Mitgliedschaft abgesetzt. In der Besprechung der Bürgermeister am 28. Mai teilte der amerikanische Militärgouverneur mit, er habe Kreisoberinspektor Josef Clarenz »mit der Führung der Geschäfte des Landrats« beauftragt.[7]

Clarenz, 1896 in Siegburg geboren, hatte nach dem Militärdienst im Ersten Weltkrieg und der Rückkehr aus der Gefangenschaft seit 1920 in sämtlichen Zweigen der Verwaltung des Siegkreises gearbeitet und von 1923 bis 1925 an der Universität Köln Wirtschafts- und Verwaltungswissenschaft studiert. 1929 wurde er zum Obersekretär auf Lebenszeit ernannt. Politisch stand er damals der katholischen Zentrumspartei nahe.[8] Am 23. Mai 1932 wurde Clarenz zum kommissarischen Bürgermeister des Amtes Lohmar gewählt, wo er am 12. Juli seinen Dienst antrat.[9] Clarenz gab in seinem nach Kriegsende geschriebenen Lebenslauf an, er sei am 19. Juni 1933 aus politischen Gründen (»for political reasons«) als Bürgermeister von Lohmar entlassen worden.[10] Aus einer Akte über die Bürgermeisterstelle Lohmar ergibt sich aber, dass er abberufen worden ist, weil die Stellen von Amtsbürgermeistern nach dem *Gesetz zur Erzielung weiterer Ersparnisse in der gemeindlichen Verwaltung* vom 6. April 1933 künftig »grundsätzlich ehrenamtlich verwaltet« werden sollten. Nach Ansicht des Landrats gehörte das Amt Lohmar aufgrund »seiner Einwohnerzahl und seiner Bedeutung nicht zu den Ämtern, bei denen die Beibehaltung oder die Schaffung einer hauptamtlichen Bürgermeisterstelle erforderlich« war.[11]

Dass Clarenz im Juni 1933 in Lohmar kaum aus politischen Gründen entlassen worden ist, lässt sich auch daraus schließen, dass er – wie er in seinem Lebenslauf selbst erwähnte – schon einen Monat später »inoffizieller« Bürgermeister der benachbarten amtsfreien Gemeinde Wahlscheid wurde.[12] Diese Beauftragung ist auch deshalb bemerkenswert, weil Clarenz in Wahlscheid die Amtsgeschäfte von Bürgermeister Max Koch

Das Kreishaus, um 1930

Oberkreisdirektor Josef Clarenz, 1946-1959

übernahm, der am 20. Februar 1933 in die NSDAP eingetreten[13], aber zwischenzeitlich aus unbekannten Gründen vom Dienst suspendiert worden war. Am 19. Juli 1933 erklärte Clarenz im Zusammenhang mit einer Anzeige gegen Koch »wegen unbefugten Betretens der Büroräume«, er habe am 15. Juli den Auftrag »zur kommissarischen Führung der Geschäfte des Bürgermeisters in Wahlscheid« erhalten und seinen Dienst dort am 18. Juli angetreten.[14] Daher ist die Darstellung im *Kölnischen Kurier* vom 18. November 1945 völlig falsch, Clarenz sei »lange Jahre bis 1933 Bürgermeister in Lohmar und Wahlscheid [gewesen], dann aber als Nicht-Pg abgesetzt« worden.[15] Clarenz wurde nach eigenen Angaben im August 1933 zur Kreisverwaltung zurückbeordert, wo er im Krieg verschiedene Dienststellen leitete. Beim Einmarsch der Amerikaner war er Bürodirektor.[16]

Nach der Liquidierung der nationalsozialistischen Diktatur begannen die drei westlichen Militärregierungen in ihren Besatzungszonen mit dem Wiederaufbau einer demokratischen Ordnung, die zunächst in den Gemeinden und Kreisen, dann in neu zu bildenden Ländern und schließlich auf bundesstaatlicher Ebene entstehen sollte. Nach Meinung der britischen Militärregierung sollten die Gemeinden »die größtmögliche Stärke« erhalten, damit sie ein Gegengewicht gegen die ihrer Ansicht nach in allen Staaten zu beobachtende »Neigung zur Zentralisation« bildeten, die sich im nationalsozialistischen Deutschland besonders verhängnisvoll ausgewirkt habe. In einer zentralisierten Verwaltung sei es nicht möglich, die örtlichen Interessen angemessen zur Geltung zu bringen.[17]

Mitte 1945 entstanden in der Nord-Rheinprovinz mit Erlaubnis der Militärregierung auf der Ebene der Stadt- und Landkreise wieder politische Parteien. Im Siegkreis wurden Gliederungen des Zentrums, der SPD, der KPD und der Demokratischen Partei Deutschlands (DPD) gegründet.[18] Bei der DPD handelte es sich um eine Vorgängerorganisation der FDP.[19] Die CDU fasste im Siegkreis, wie noch geschildert wird, erst im März/April 1946 durch Abspaltung vom Zentrum Fuß.[20]

Im Juli 1945 ordnete die britische Militärregierung die Bildung eines Kreisausschusses im Siegkreis an, dessen Mitglieder den ernannten Landrat Clarenz beratend unterstützen sollten. Dem Kreisausschuss gehörten für das Zentrum Oberstudiendirektor Dr. Wilhelm Hamacher (Troisdorf), der Angestellte Matthias Henseler (Siegburg), der Kaufmann Alex Görg (Oberkassel) und der Baumschulbesitzer Heinrich Dahs (Oberpleis), für die SPD der Volksschullehrer Wilhelm Püttmann (Uckerath), für die KPD der Angestellte Josef Plein (Siegburg) und für die DPD der Architekt Wilhelm Heuser (Siegburg) an. Dieses Gremium trat anfangs wöchentlich, später alle 14 Tage zusammen. Im Januar 1946 traten der ernannte Kreistag und dessen Ausschüsse an seine Stelle.[21]

Im August/September 1945 wurden in den Ämtern und amtsfreien Gemeinden des Siegkreises ebenfalls beratende Ausschüsse eingerichtet, deren Mitglieder von der Militärregierung auf Vorschlag der jeweiligen Bürgermeister ernannt wurden.[22] In diesen Ausschüssen, die aus sechs bis acht, in den größeren Ämtern und amtsfreien Gemeinden aus maximal zehn Mitgliedern bestanden, sollten »alle grundsätzlichen und wichtigen

Fragen, die die Bürgermeisterei betreffen, [...] besprochen werden«, erklärte Landrat Clarenz den Bürgermeistern im September 1945.[23] Der Troisdorfer Bürgermeister Gummersbach ermahnte die Ausschussmitglieder in seiner Gemeinde, nur »aufbauende Kritik« zu äußern; denn »nur sie ist gut und notwendig. Für parteipolitische Auseinandersetzungen wird kein Raum sein.«[24]

Nach dem Vorbild der englischen Kommunalverfassung ordnete die Militärregierung Ende 1945 an, dass die Bürgermeister in der britischen Besatzungszone nicht mehr die Gemeindeverwaltung leiten, sondern als Vorsitzende der Gemeinderäte nur noch repräsentative Aufgaben wahrnehmen sollten. An der Spitze der Gemeindeverwaltungen sollten Gemeindedirektoren stehen. Alle von der Militärregierung im Siegkreis eingesetzten Bürgermeister beabsichtigten, Gemeindedirektor zu werden. Auch auf Kreisebene war diese Ämtertrennung durchzuführen.[25]

Landrat Clarenz hielt, wie er im Dezember 1945 dem Regierungspräsidenten erklärte, den von den Briten vorgesehenen Termin für die Durchführung der Ämtertrennung, den 16. Februar 1946, »für verfrüht«, weil es an geeigneten Bewerbern für das »unpolitische Amt« des Gemeindedirektors fehle. Viele fachlich geeignete Kandidaten würden wegen ihrer früheren Mitgliedschaft in der NSDAP für das Amt des Gemeindedirektors ausscheiden. Daher empfahl Clarenz, die Ämtertrennung erst »bei späterer, günstigerer Gelegenheit« durchzuführen.[26] In der Besprechung der Bürgermeister am 18. Februar teilte er mit, er sei sich mit dem Militärgouverneur darin »einig, dass die Trennung der Geschäfte nicht überhastet vorgenommen werden soll, damit die richtigen Leute für die verantwortungsvollen Posten des Bürgermeisters und Direktors gefunden« werden könnten. Andererseits dürften die Verhandlungen über die Stellenbesetzungen »nicht in die Länge gezogen werden, da das Hauptquartier [der britischen Militärverwaltung] auf eine beschleunigte Erledigung dränge«. Im Februar 1946 gab es erst in den amtsfreien Gemeinden Hennef und Herchen Gemeindedirektoren und in den Ämtern Dattenfeld, Menden und Ruppichteroth Amtsdirektoren.[27]

Die am 1. April 1946 von der britischen Militärregierung erlassene *revidierte Deutsche Gemeindeordnung* regelte, dass die Verwaltung der Gemeinde ausschließlich durch den Willen der Bürgerschaft erfolgte, die durch Gemeinderäte vertreten wurde. Der Gemeindedirektor, der die Verwaltung leitete, war nur ausführendes Organ des Gemeinderats. In den Landkreisen besaß der Oberkreisdirektor eine stärkere Stellung, weil er nicht nur die Beschlüsse des Kreistags ausführte, sondern auch Leiter der untersten Ebene der staatlichen Verwaltung war.[28]

Ende 1945 erteilte die Militärregierung die Genehmigung zur Bildung des Kreistags und von Amts- und Gemeindevertretungen im Siegkreis. Ihre Vertreter sollten den zugelassenen Parteien (entsprechend deren bei den letzten freien Kommunalwahlen am 29. November 1929 erzielten Ergebnissen) angehören. Bei der Zusammensetzung dieser Vertretungen sollten außerdem die verschiedenen Berufsgruppen und religiösen Bekenntnisse angemessen berücksichtigt werden. Die von den Parteien vorgeschlagenen Kandidaten wurden von der Militärregierung überprüft und bestätigt. Alle

Parteien verpflichteten sich, keine früheren NSDAP-Mitglieder aufzustellen. Sie hielten sich an diese Abmachung, wie eine anschließende Überprüfung der Kreisverwaltung ergab.[29] Von den insgesamt 58 Kreistagsmitgliedern gehörten 32 dem Zentrum, 14 der SPD, 6 der KPD und 5 der DPD an. Der parteilose Erich Bendix vertrat die politisch Verfolgten.[30] Unter den ernannten Kreistagsmitgliedern gab es nur vier Frauen. Herta Funk (Oberkassel), Veronika Haffer (Siegburg) und Barbara Rübke (Eitorf) gehörten der SPD, Anni Hamster (Oberkassel) der KPD an.[31]

An der Eröffnungssitzung des ernannten Kreistags des Siegkreises am 31. Januar 1946 nahmen der Militärgouverneur für den Regierungsbezirk Köln, Oberst Jelf, der Militärgouverneur für den Siegkreis, Major Collings, und der Kölner Regierungspräsident, Dr. Clemens Busch, teil. Major Collings erläuterte in seiner Ansprache Sinn und Zweck der von der britischen Militärregierung angestrebten Demokratisierung der kommunalen Selbstverwaltung. Zunächst betonte er, die Militärregierung erwarte von den ernannten Kreistagsmitgliedern, dass sie an der Entstehung »gesunde[r] Parteiorganisationen im Kreis« mitwirkten, »weil dies die erste Chance ist, die den Parteien gegeben wird, um Macht auszuüben«. Der Militärgouverneur für den Siegkreis forderte die Kreistagsmitglieder auf, »sich ernsthaft zu bemühen«, dass ihre Arbeit erfolgreich sei, denn es sei an der »Zeit, dass Deutschland den demokratischen Einrichtungen eine gerechte Behandlung zukommen lässt. Ihre letzte Erfahrung der Diktatur kann kaum ein Erfolg genannt werden. Sehen Sie sich die Ruinen an, moralisch und materiell, die Sie umgeben und fragen Sie sich selbst: ›Ist es das wert?‹« Er habe, fügte Collings hinzu, »den Bürgermeistern des Kreises schon bei einer früheren Ansprache gesagt: Europa kann sich nicht alle 20 Jahre einen Krieg leisten!«[32]

In der Eröffnungssitzung des ersten gewählten Kreistags am 6. November 1946 unterstrich Collings abermals, wie wichtig eine demokratische kommunale Selbstverwaltung für den Wiederaufbau der Demokratie in Deutschland war. Er wisse, dass »allgemein gesagt« werde: »Welchen Wert haben gewählte Vertreter, wenn die Militärregierung die letzte Instanz ist?« Solch eine Einstellung sei »ein schwerer Irrtum«. Sollte es den Deutschen nicht gelingen, auf der Kommunalebene erfolgreich »die ersten Schritte« auf dem Weg zur Demokratie zurückzulegen, bestehe »nur geringe Hoffnung für ein vereintes demokratisches Deutschland, das in der Lage sein wird, seinen rechtmäßigen Platz in Europa einzunehmen«, erklärte Collings.[33]

Die Frage, warum die Demokratie sich in Deutschland – anders als in England – erst spät entwickelt hatte und in der Weimarer Republik gescheitert war, beschäftigte auch die Mitglieder des ernannten Kreistags. Für das Zentrum erklärte Wilhelm Hamacher in der ersten Kreistagssitzung u. a.:

»Während die englische Demokratie [...] auf jahrhundertealten Erfahrungen beruht, ist unser Volk während vier bis fünf Jahrhunderte durch die Staatsform des Absolutismus hindurchgegangen. Die Zeit nach 1918 war leider zu kurz, um hierin eine grundlegende Änderung zu schaffen. Trotzdem waren wir auf dem besten Wege; nur kam die Hilfe des demokratischen Auslandes damals zu spät.

Wir erlebten daher die verhängnisvollste Periode deutscher Geschichte, die zwar mit einer Katastrophe, aber auch mit dem Untergang eines auf Gewaltpolitik aufgebauten Systems endete.«

Mit der vermeintlich zu späten Hilfe des westlichen Auslands dürfte Hamacher darauf angespielt haben, dass die Frage der deutschen Reparationszahlungen erst nach der Entlassung von Reichskanzler Heinrich Brüning (Zentrum), der sich allerdings auch schon auf die Notverordnungen des Reichspräsidenten gestützt und zum Scheitern der Weimarer Republik beigetragen hatte, endgültig geregelt worden war.

Das sozialdemokratische Kreistagsmitglied Richard Reuther aus Hennef versicherte, für seine Partei sei »das Bekenntnis zur Demokratie kein Lippenbekenntnis«. Der »Geist der Demokratie« sei »mehr denn je vonnöten […], wenn wir das unselige Erbe bezwingen wollen, das uns der Nationalsozialismus hinterlassen hat«. Die Kreistagsmitglieder seien »keine tyrannischen Beherrscher, sondern arbeitsame Diener« des Volkes. Wilhelm Heuser von der DPD empfand »es als die Gnade des Himmels, dass wir heute, nach 13 schicksalsschweren Jahren, als Vertreter der Siegkreisbevölkerung wieder tagen und beraten dürfen«. Der Nationalsozialismus habe »die deutsche Volksseele vergiftet und das deutsche Volk in ein namenloses Elend geführt«.[34]

In der ersten Sitzung der ernannten Amtsvertretung von Oberpleis, die im Februar 1946 stattfand, äußerte der sozialdemokratische Amtsvertreter und Ortsvereinsvorsitzende Heinrich Buchholz die Vermutung, im Ausland werde das neuerdings von allen politischen Parteien in Deutschland abgegebene Bekenntnis zur Demokratie »nicht ohne Ironie zur Kenntnis« genommen. Diese Skepsis sei »verständlich; denn jahrhundertelang galt Deutschland in der übrigen Welt als das klassische Land des Militarismus und des Autokratismus. Wir wissen, dass noch eine große politische Erziehungsaufgabe zu leisten ist, wenn die Demokratie eine bleibende Heimstätte in Deutschland finden soll.«[35]

Der Sozialdemokrat Hans Euler aus Lohmar sah die Sache ähnlich. In der ersten Sitzung der Lohmarer Amtsvertretung im Februar 1946 meinte er, bisher sei allenfalls eine kleine Etappe auf dem Weg zur Demokratie zurückgelegt worden. Die Zeit der nationalsozialistischen Diktatur sei »formal« zwar zu Ende, auch habe »die Demokratie ihre ersten Schritte« getan, doch sei das Erreichte noch längst nicht zufrieden stellend, weil »gerade in der Verwaltung der Bazillus der Faschismus tiefer eingedrungen ist, als man füglich anzunehmen gewillt war. Die kleinen Diktatoren sind noch nicht gestorben.« Die Beamten müssten sich erst noch »die unangenehme Eigenschaft des Führenmüssens abgewöhn[en]«, glaubte Euler.[36] »Das Wort Demokratie« war für die Sozialdemokraten, wie ihre Kreistagsfraktion im November 1946 erklärte, »das zurzeit am meisten missbrauchte Wort. Unter dem Sammelbegriff Demokratie hat sich die gesamte deutsche Reaktion wieder zusammengefunden.«[37] Militärgouverneur Collings brachte hingegen schon Mitte Februar 1946 in einer Besprechung mit den Bürgermeistern seine »Zufriedenheit« über die zwischenzeitlich beendete Phase der Ernennung von Gemeindevertretungen zum Ausdruck. Ihn beruhigte vor allem »das fortgeschrittene Alter« der Gemeindevertreter. Doch verlangte er, die Parteien müssten »auch junge Leute für die Politik zu interessieren« wissen.[38]

In der zweiten Sitzung des ernannten Kreistags am 18. April 1946 teilte ein Vertreter des Militärgouverneurs den Kreistagsmitgliedern mit, die Militärregierung habe Friedrich Gorius, der bisher nicht dem ernannten Kreistag angehört hatte, als Nachfolger von Josef Clarenz zum Landrat des Siegkreises bestellt. Gorius sei »mit seiner rund 20-jährigen Erfahrung die richtige Person für dieses verantwortungsvolle Amt«.[39] Gorius, 1877 in Köln geboren und katholisch, war von 1916 bis 1933 Landrat in Lippstadt, Adenau und Bernkastel gewesen. Die Nationalsozialisten hatten ihn Anfang Juli 1933 in den einstweiligen Ruhestand versetzt, aber wenige Monate später beim Oberversicherungsamt Köln wieder beschäftigt. Gorius war im November 1945 in den Ruhestand versetzt worden. Er hatte vor 1933 der Zentrumspartei nahe gestanden und gehörte nach 1945 der CDU an.[40] Gleichzeitig mit Gorius' Berufung zum Landrat ernannte die britische Militärregierung den bisherigen Amtsinhaber Clarenz zum kommissarischen Oberkreisdirektor des Siegkreises. Am 22. Januar 1947 wählte der Kreistag Clarenz für zwölf Jahre in dieses Amt.[41]

Die Zentrumsfraktion im Kreistag war mit Gorius' Berufung nicht einverstanden. Ihr Sprecher Wilhelm Hamacher bedauerte, dass es »nicht zu einer Verständigung zwischen dem Hauptausschuss [des Kreistags] und der Militärregierung gekommen sei«. Es liegt auf der Hand, dass das Zentrum als weitaus stärkste Fraktion gern einen Mann aus den eigenen Reihen an der Spitze des Kreistags gesehen hätte. Freilich musste das Zentrum just in der Kreistagssitzung am 18. April 1946 einen Aderlass hinnehmen, der zeigte, dass es nicht mehr allein die politischen Interessen des katholischen Lagers im Siegkreis vertrat. Sieben seiner Kreistagsmitglieder teilten Landrat Gorius schriftlich mit, sie hätten sich zu einer CDU-Fraktion zusammengeschlossen. Ihren Entschluss motivierten sie mit »der bisherigen Entwicklung der CDU im Siegkreis«. Die Fraktionsgründung entspreche »dem politischen Willen eines Großteils der Siegkreisbevölkerung«.[42] Bei den Kreistagsmitgliedern, die vom Zentrum zur CDU überwechselten, handelte es sich um Heinrich Alfter (Eitorf), Adolf Berger (Hennef), Paul Boecker (Königswinter), Anton Kröll (Honnef), Hermann Langen (Schladern), Heinrich Sass (Honnef) und Anton Weber (Oberpleis). Die Zentrumsfraktion wollte die Anerkennung der CDU-Fraktion verhindern, wurde aber vom Landrat darauf hingewiesen, die Militärregierung habe entschieden, dass der Kreistag die neue Fraktion ohne Veränderung der Zahl seiner Mitglieder aufnehmen müsse. Der Kreistag stimmte der Aufnahme der CDU-Fraktion »gegen den Protest der Zentrumspartei« zu.[43] Schon vor der Gründung der CDU-Kreistagsfraktion hatten sich am 22. März 1946 in Hennef 14 der insgesamt 23 Gemeinderatsmitglieder der »neugegründeten« CDU-Fraktion angeschlossen.[44] In Eitorf hatten am 4. April zwölf der ebenfalls 23 Mitglieder des Gemeinderats ihren Übertritt vom Zentrum zur CDU und die Gründung einer CDU-Fraktion mitgeteilt. Drei Tage später erklärte aber eines der übergetretenen Eitorfer Ratsmitglieder, es gehöre weiterhin der Zentrumsfraktion an.[45]

Am 15. September 1946 fanden in der britischen Zone die ersten Wahlen auf Gemeinde- und Amtsebene nach einem Wahlrecht statt, das nach Meinung der Militärregierung einen »Kompromiss« zwischen dem englischen Mehrheits- und dem deutschen Verhältniswahlrecht darstellte.[46] Jeder Wähler hatte so viele Stimmen, wie es Bewerber in seinem Stimmbezirk gab, doch konnte er keinem Kandidaten mehr als eine Stimme geben. Der weit überwiegende Teil der Mandate wurde an direkt gewählte Bewerber vergeben. Das Wahlsystem begünstigte die Parteien, die in den einzelnen Stimmbezirken die relative Mehrheit erreichten; ihre Kandidaten gewannen die jeweiligen Sitze.

In den Gemeinden des Siegkreises nahmen durchschnittlich 74,1% der Wahlberechtigten an den ersten Kommunalwahlen nach dem Zweiten Weltkrieg teil. Die höchste Wahlbeteiligung verzeichneten die Gemeinden Holzlar (85,9%), Menden (85,6%) und Troisdorf (85,4%), die niedrigste Happerschoß (66,8%), Wahlscheid (65,7%) und Scheiderhöhe (65,0%). In Altenbödingen, Breidt, Inger, Lauthausen, Neunkirchen und Uckendorf wurde nicht gewählt, weil die Zahl der gültig vorgeschlagenen Kandidaten die Zahl der direkt zu wählenden Gemeindevertreter nicht überstieg. Auch in Stockem wurde nicht gewählt. Dort gehörten alle volljährigen Einwohner der Gemeindeversammlung an, weil der Ort weniger als 40 Einwohner über 21 Jahre hatte. In den 41 amtsfreien und amtsangehörigen Gemeinden, in denen gewählt wurde, erhielt die CDU im Durchschnitt 41,9%, das Zentrum 27,8%, die SPD 19,0%, die KPD 3,9% und die FDP 2,5% der Stimmen. Auf unabhängige Bewerber entfielen 4,9%. Von den insgesamt 581 Mandaten bekamen die CDU 274, das Zentrum 184, die SPD 48, die FDP 3 und die KPD 2 Sitze. Die unabhängigen Kandidaten errangen 70 Sitze. Ihre besten Ergebnisse erzielte die CDU in Seelscheid (93,1%), Mondorf (89,5%) und Ittenbach (88,4%). Das Zentrum erreichte in Winterscheid (89,0%), Stieldorf (86,2%) und Halberg (84,7%) die höchsten Ergebnisse. Die SPD hatte ihre Hochburgen in Holzlar (52,6%), Menden (49,7%) und Rosbach (38,9%). Die KPD hatte ihren höchsten Stimmenanteil in Honnef mit 11,8%, wo sich anscheinend noch Reste des kommunistischen Milieus aus der Zeit der Weimarer Republik erhalten hatten. Die FDP brachte es in Königswinter mit 15,7% auf ihr bestes Ergebnis; es folgte Siegburg mit

Stimmzettel für die Kreistagswahl am 13. Oktober 1946 im Stimmbezirk VII (Neunkirchen-Much) Quelle: ARSK SK, Bl. 83

14,1%. Unter den 581 Gemeindevertretern gab es nur elf Frauen (sechs von der CDU und fünf von der SPD).[47]

Bei den ebenfalls am 15. September 1946 stattfindenden Wahlen zu den zehn Amtsvertretungen im Siegkreis betrug die durchschnittliche Wahlbeteiligung 75,9%. Die CDU schnitt hier mit 31,9% deutlich schlechter, das Zentrum mit 35,0% wesentlich besser ab als bei den Gemeindewahlen. Die SPD erhielt 19,7%, die KPD 3,8% und die FDP nur 1,0%; auf unabhängige Bewerber entfielen 8,7% der Stimmen. Von den insgesamt 162 Mandaten bekamen die CDU 65, das Zentrum 56, die SPD 15 und die KPD 3. Unabhängige Bewerber errangen 23 Sitze. Unter den 162 Amtsvertretern gab es nur drei Frauen; zwei von ihnen gehörten der CDU, eine der SPD an.[48]

Am 13. Oktober 1946 fanden in den Stadt- und Landkreisen der britischen Zone die ersten Wahlen statt. An der Kreistagswahl im Siegkreis beteiligten sich 64,2% der Wahlberechtigten. Damit lag die Wahlbeteiligung im Siegkreis deutlich unter dem NRW-Landesdurchschnitt von 74,4%. Die höchste Wahlbeteiligung wurde im Wahlbezirk VIII (Gemeinden Troisdorf und Sieglar, Amt Niederkassel) mit 70,6% erreicht. Die niedrigste wies der Wahlbezirk VI (Städte Honnef und Königswinter, Ämter Königswinter-Land und Oberkassel) mit 57,7% auf. Die CDU erhielt im Siegkreis 42,8% der abgegebenen Stimmen. Im Landesdurchschnitt schnitt sie mit 46,0% besser ab. Das Zentrum erreichte im Siegkreis beachtliche 27,5% der Stimmen und übertraf damit sein Landesergebnis von 6,1% bei weitem. Die SPD, die im Landesdurchschnitt 33,4% der Stimmen erhielt, brachte es im Siegkreis nur auf 17,0%. Auch die KPD lag mit 4,3% im Siegkreis erheblich unter ihrem Landesergebnis von 9,4%. Die FDP schnitt im Siegkreis mit 8,3% wesentlich besser ab als im Landesvergleich, wo sie nur 4,3% der Stimmen bekam.

In sieben der neun Wahlbezirke lag die CDU vorn. Im Wahlbezirk II (Amt Menden) war die SPD stärkste Partei; im Bezirk VIII (Gemeinden Troisdorf und Sieglar, Amt Niederkassel) erhielt das Zentrum die meisten Stimmen. Ihr bestes Ergebnis holte die CDU im Wahlbezirk VI (Städte Honnef und Königswinter, Ämter Königswinter-Land und Oberkassel) mit 59,6%; dort war allerdings, wie bereits erwähnt, die Wahlbeteiligung am niedrigsten. Die wenigsten Wähler votierten für die CDU im Wahlbezirk II (Amt Menden), wo sie nur 30,3% erhielt. Die Hochburgen des Zentrums lagen in den Wahlbezirken VII (Amt Neunkirchen, Gemeinde Much) und IX (Gemeinde Uckerath, Amt Oberpleis), wo es jeweils 36,9% der Stimmen erreichte. Ähnlich hohe Ergebnisse gab es in den Wahlbezirken IV (Gemeinde Eitorf, Amt Ruppichteroth) mit 36,3% und im Wahlbezirk VIII (Gemeinden Troisdorf und Sieglar, Amt Niederkassel) mit 36,1%. Allerdings überflügelte das Zentrum nur im letztgenannten Wahlbezirk die CDU. Am schlechtesten fiel für das Zentrum das Kreistagswahlergebnis im Wahlbezirk VI (Städte Honnef und Königswinter, Ämter Königswinter-Land und Oberkassel) mit 9,9% aus. Die Sozialdemokraten holten ihr bestes Ergebnis im Wahlbezirk II (Amt Menden) mit 31,6%; die wenigsten Stimmen bekamen sie im Wahlbezirk VII (Amt Neunkirchen, Gemeinde Much) mit 6,0%. Die Freien Demokraten erzielten ihre besten Resultate in den Wahlbezirken VI (Städte Honnef und Königswinter, Ämter Königswinter-Land und Oberkassel) mit 12,2% und I (Stadt Siegburg, Amt Lohmar, Gemeinde Wahlscheid) mit 11,7%.[49]

Von den 48 Kreistagssitzen erhielten die CDU 32, das Zentrum 10, die SPD 4 und FDP und KPD je einen Sitz. Im ersten gewählten Kreistag des Siegkreises saß mit Elisabeth Vurthmann (CDU) aus Oberpleis nur eine einzige Frau. Keines der Kreistagsmitglieder hatte dem letzten frei gewählten Kreistag vom 29. November 1929 angehört.[50] Obwohl die CDU mit einem Stimmenanteil von 42,8% weit von einer absoluten Mehrheit entfernt war, verfügte sie im Kreistag aufgrund des von der britischen Besatzungsmacht verordneten Wahlrechts über eine Zweidrittelmehrheit der Sitze. Alle anderen Parteien wurden bei der Sitzverteilung benachteiligt.

Die Christdemokraten verlangten, wie sie in der konstituierenden Kreistagssitzung am 6. November 1946 selbstbewusst erklärten, »dass die hauptsächlichsten Schlüsselstellungen durch die CDU besetzt werden«. Aber man beabsichtige »nicht […], die übrigen Parteien zu majorisieren«. Vielmehr sollten »auch die Minoritäten in den wichtigsten Ausschüssen und Kommissionen vertreten« sein. Das Zentrum haderte mit dem »deutschen Verhältnissen nicht gerecht werdende[n] Wahlsystem«. Es habe im Kreistag zu einer Sitzverteilung geführt, die »in keiner Weise dem Willen der Wählerschaft […] entspricht« und »eine Verletzung unseres demokratischen Gefühls« darstelle, »die wir nicht unwidersprochen hinzunehmen gewillt sind«. Doch unterstütze es die Wahl von Gorius (CDU) zum Landrat »als selbstverständliche, demokratische Auswirkung« des Wahlausgangs.[51]

In der ersten Sitzung des gewählten Honnefer Stadtrats erklärte der kommunistische Vertreter Wilhelm Fahnenstich, dass ein »fremdes und undeutsches Wahlsystem […] dazu geführt [habe], dass die Stadtvertretung nicht entsprechend dem Verhältnis der abgegebenen Stimmen besetzt ist, sondern fast ausschließlich von der CDU beherrscht« werde.[52] Bei der Kommunalwahl in Honnef hatte die CDU mit einem Stimmenanteil von 62,0% 19 der 21 Sitze erhalten. SPD und KPD hatten mit 15,0% bzw. 11,8% nur je einen Sitz bekommen und die FDP hatte bei einem Stimmenanteil von 11,2% überhaupt kein Mandat errungen.[53] Einige Monate später »dankte« Stadtrat Liebig (SPD) »insbesondere der CDU-Fraktion, dass sie niemals von ihrer Mehrheit Gebrauch gemacht, sondern stets auf die Minderheiten Rücksicht genommen habe«. Fahnenstich »schloss sich diesen Ausführungen an«.[54] Im Hennefer Gemeinderat versicherte der CDU-Fraktionsvorsitzende Peter Herweg, dessen Partei mit einem Stimmenanteil von 48,9% 14 der 21 Ratssitze erhalten hatte, »den Interessen der Minderheit Verständnis und besondere Loyalität entgegenzubringen« und anzuerkennen, »dass die Summe der gegnerischen Wahlstimmen nicht geringer war als die Zahl der für die CDU abgegebenen Stimmen«.[55] Zentrum und SPD hatten zusammen 47,7% der Stimmen erhalten, verfügten aber im Hennefer Gemeinderat gemeinsam nur über 7 Sitze.[56]

Am 17. Oktober 1948 fanden im Siegkreis die zweiten Wahlen zum Kreistag und zu den Vertretungen der Gemeinden und Ämter statt. Bei diesen Wahlen galt ein am

6. April 1948 im Landtag gegen den Widerstand der CDU-Fraktion verabschiedetes Gemeindewahlgesetz, das dem Wähler – wie schon bei der ersten Landtagswahl von 1947 – nur noch eine Stimme gab und ein modifiziertes Verhältniswahlrecht mit einer Sperrklausel von fünf Prozent einführte.[57] Während die CDU im Siegkreis vielfach herbe Stimmenverluste erlitt, verbuchten SPD und FDP deutliche Zugewinne. Das Zentrum legte ebenfalls zu. Die KPD verharrte auf niedrigem Niveau. Bei der Kreistagswahl lagen die CDU mit 30,1% und das Zentrum mit 28,1% eng beieinander, dicht gefolgt von der SPD mit 25,2%. Die FDP erreichte einen Stimmenanteil von 11,3%, die KPD von 4,1%. Im Durchschnitt aller Stadt- und Landkreiswahlen in NRW erzielte die CDU 37,6%, das Zentrum 9,7%, die SPD 35,9%, die FDP 6,9% und KPD 7,8% der Stimmen. Die Wahlbeteiligung lag im Siegkreis mit 62,4% erneut unter dem Landesdurchschnitt von 69,0%. In 10 der 27 Kreistagswahlbezirke holte die CDU, in 12 das Zentrum, in 4 die SPD und in einem die FDP die meisten Stimmen. Die SPD lag in Uckerath mit 42,2% und jeweils in einem der beiden Bezirke in Sieglar mit 40,6%, in Eitorf mit 40,0% und in Troisdorf mit 31,6% vorn. Die FDP wurde in Wahlscheid mit 49,9% stärkste politische Kraft.[58] Dieses außergewöhnlich hohe Ergebnis im überwiegend protestantischen Wahlscheid dürfte in erster Linie darauf beruhen, dass die FDP mit Max Koch, der 1892 in Wahlscheid geboren und dort von 1924 bis 1936 Bürgermeister gewesen war, einen bekannten und geschätzten Bewerber aufgestellt hatte. Koch war zwar, wie bereits erwähnt, am 20. Februar 1933 in die NSDAP eingetreten, doch schon im Sommer 1933 vorübergehend vom Dienst suspendiert worden. Wegen seines angespannten Verhältnisses zum Wahlscheider NSDAP-Ortsgruppenleiter Fischer war er 1936 nach Ablauf seiner Amtszeit nicht wieder zum Bürgermeister berufen, sondern in den Ruhestand versetzt worden.[59] Das Zentrum gewann in der Kreisstadt Siegburg alle drei Wahlbezirke mit deutlichem Vorsprung vor der CDU. In Honnef und Königswinter ließ dagegen die CDU das Zentrum weit hinter sich. Im Kreistag verfügten die CDU über 13, das Zentrum über 12, die SPD über 11 und die FDP über 5 Sitze. Unter den 41 Kreistagsmitgliedern gab es mit den beiden Sozialdemokratinnen Anni Hamster aus Oberkassel und Hedwig Thiel aus Herchen nur zwei Frauen.[60]

Bei den am 17. Oktober 1948 stattfindenden Gemeindewahlen im Siegkreis lagen Zentrum und CDU nahezu gleichauf. Im Durchschnitt aller amtsfreien und amtsangehörigen Gemeinden des Siegkreises erhielt das Zentrum 29,5% und die CDU 29,4% der Stimmen. In den Wahlen zu den Amtsvertretungen votierten 34,2% der Wähler für das Zentrum und nur 28,0% für die CDU. Die SPD erhielt in den amtsfreien und amtsangehörigen Gemeinden 25,8% und in den Ämtern 26,8%, die FDP 9,8% bzw. 6,2%. Unter den 639 Mandatsträgern in den Gemeinden und Amtsvertretungen des Siegkreises befanden sich nur acht Frauen.[61] Wie wenig Frauen in der Kommunalpolitik der frühen Nachkriegszeit geschätzt wurden, zeigte sich besonders deutlich im Amt Oberpleis, wo die Zentrumsfraktion 1948 die Wiederwahl der bisherigen Amtsbürgermeisterin Elisabeth Vurthmann (CDU) mit dem frauenfeindlichen Einwand verhinderte, dass in einem Gremium, »wo elf Männer sitzen, auch der Posten des

Bürgermeisters einem Mann zufallen müsse, man könne sich doch nicht von einer Frau regieren lassen«.[62]

Nach der Kommunalwahl von 1948 gab in Königswinter und Altenrath je drei Flüchtlingsvertreter im Stadt- bzw. Gemeinderat. Es folgte Honnef mit zwei Flüchtlingsvertretern. Den Gemeinderäten von Eitorf, Much, Siegburg, Troisdorf und Wahlscheid gehörte jeweils ein Vertriebener an. In den Gemeinderäten von Hennef, Herchen, Sieglar und Uckerath gab es keine Vertriebenen. In den Amtsvertretungen von Dattenfeld, Menden, Neunkirchen und Niederkassel saß je ein Vertriebener, in den Vertretungen der Ämter Königswinter, Lauthausen, Lohmar, Oberkassel, Oberpleis und Ruppichteroth waren keine Vertriebenen. Unter Einschluss der zahlreichen amtsangehörigen Gemeinden waren von den insgesamt 639 Mitgliedern der Kommunalvertretungen im Siegkreis 25 Vertriebene. Dem 41-köpfigen Kreistag gehörte ein Vertriebener an. Von den insgesamt 26 Flüchtlingsvertretern entfielen auf die SPD 13, die FDP 7, die CDU 5 und das Zentrum 1 Vertriebener. Bezogen auf die Gesamtzahl ihrer Vertreter in den Gemeinde- und Amtsvertretungen sowie im Kreistag war der Anteil der Vertriebenen bei der FDP mit 12,3% am höchsten, es folgten die SPD mit 7,5%, die CDU mit 2,5% und das Zentrum mit 0,5%.[63]

Ähnlich wie schon zwei Jahre zuvor, als die Militärregierung gegen den Willen des Zentrums Friedrich Gorius zum Landrat ernannt hatte, fand auch der 1948 vom Kreistag gewählte Landrat nicht die Zustimmung aller Kreistagsmitglieder. Bei seiner Wahl kam es zu einer Kampfabstimmung, die das angespannte Verhältnis zwischen CDU und Zentrumspartei offen zu Tage treten ließ. Die Mahnung des scheidenden Landrats Gorius an die neuen Kreistagsmitglieder in der konstituierenden Sitzung am 10. November 1948, sie sollten »die Wochen des Wahlkampfes, in denen manches harte Wort gefallen ist, vergessen«, verhallte ungehört.

Die Christdemokraten beanspruchten als stärkste Kreistagsfraktion entsprechend »den parlamentarischen Spielregeln«, wie ihr Sprecher Jakob Mölbert unmissverständlich erklärte, das Amt des Landrats und schlugen den Eitorfer Bürgermeister Peter Etzenbach vor. Wilhelm Hamacher vom Zentrum wollte »sich der Auffassung der CDU, dass ihr als stärkster Partei der Landrat zustehe, nicht ohne weiteres anschließen«, schließlich seien die Fraktionen von CDU, Zentrum und SPD im Kreistag nahezu gleich stark. Hamacher bedauerte, »dass es in den vorangegangenen interfraktionellen Besprechungen nicht möglich gewesen sei, eine breite Basis für die Wahl des Landrats zu gewinnen«. Das Zentrum nominierte Hubert Heinrichs, der zugleich Bürgermeister in Siegburg war, als Kandidaten. Heinrich Buchholz als Sprecher der Sozialdemokraten beklagte, dass sich der Kreistag nicht auf einen von den Sozialdemokraten vorgeschlagenen »annehmbaren« Kandidaten geeinigt habe. Laut *Rhein-Ruhr-Zeitung* vom 12. November 1948 hatte die SPD einen Zentrumskandidaten ins Spiel gebracht, dessen Name das Blatt allerdings nicht verriet. Da dieser wegen fehlender Unterstützung des Zentrums seine Bewerbung zurückgezogen habe und die Sozialdemokraten den CDU-Kandidaten Etzenbach auf keinen Fall wählen würden, weil »ein solcher Schritt von ihrer Wählerschaft nicht verstanden werde«, habe die SPD ihr Fraktionsmitglied, den Volksschullehrer Wilhelm Püttmann aus Uckerath, als Kandidaten benannt, erklärte Buchholz. Die Freien Demokraten schickten keinen eigenen Bewerber ins Rennen, sondern kündigten an, Etzenbach zu wählen.

In der geheimen Wahl erhielt Etzenbach 17, Heinrichs und Püttmann je 11 Stimmen. Ein Kreistagsmitglied hatte sich der Stimme enthalten. Das Kreistagsmitglied Dr. Hilmar Keßler (FDP) fehlte. Etzenbach nahm seine Wahl zum Landrat, wie er sagte, »schweren Herzens« an und bedauerte, dass keine breitere Mehrheit zustande gekommen sei. Doch wollte Etzenbach den parteipolitischen Streit um seine Wahl »nicht als böses Omen für die künftige Zusammenarbeit im Kreistag deuten«.[64] Etzenbach, 1889 in Eitorf geboren, war von den Nationalsozialisten 1933 als Verwaltungsbeamter entlassen worden und anschließend als Steuerberater, Vermögensverwalter und Wirtschaftstreuhänder tätig gewesen. 1945 ernannte ihn die amerikanische Militärregierung zum Bürgermeister von Eitorf. 1948 wurde er Mitglied des Eitorfer Gemeinderats und des Kreistags. 1949 zog er als CDU-Abgeordneter in den ersten Deutschen Bundestag ein und gehörte ihm bis 1961 an.[65]

Nicht nur bei der Wahl des Landrats, sondern auch bei der seines Stellvertreters kam es 1948 zu einer Kampfabstimmung. Die CDU-Fraktion zeigte sich für die Unterstützung der FDP erkenntlich und votierte nun nahezu geschlossen für deren Bewerber Max Koch, der mit 16 Stimmen zum stellvertretenden Landrat gewählt wurde. Auf Hamacher (Zentrum) entfielen 12 und auf Buchholz (SPD) 11 Stimmen. Ein Kreistagsmitglied – vermutlich ein Christdemokrat – hatte sich der Stimme enthalten. Heinrichs (Zentrum) quittierte Kochs Wahl mit der spitzen Bemerkung, er habe die »interessante« Beobachtung machen können, »dass Wahlbündnisse abgeschlossen worden seien«.[66]

Aus den Querelen bei der Wahl des Landrats und der seines Stellvertreters im Jahre 1948 zu schließen, im Kreistag des Siegkreises habe es in der frühen Nachkriegszeit politische Blöcke gegeben, die sich unversöhnlich gegenüber gestanden hätten, wäre falsch. Die meisten Beschlüsse im Kreistag – wie auch in den Gemeinde- und Amtsvertretungen – wurden einvernehmlich oder mit großer Mehrheit gefasst.

Anmerkungen:

1 RGBl. 1935 Teil I, S. 49; vgl. auch Krabbe: Stadt, S. 146.
2 AA SK 23.2.1946.
3 Schr. BM an LR 28.4.1945, in: ARSK LSK 3320, Bl. 45ff.
4 ARSK SK 128.
5 *Kölnischer Kurier* 2.10.1945.
6 ARSK SK 128. Ein systematischer Überblick über den Austausch von Bürgermeistern im Siegkreis kann im Rahmen dieser Arbeit, die sich in erster Linie mit den Entwicklungen auf Kreisebene beschäftigt, nicht geleistet werden.
7 ARSK SK 384, Bl. 5.
8 Lebenslauf Clarenz, in: ARSK SK 1, Bl. 89f.
9 ARSK LSK 547.
10 ARSK SK 1, Bl. 89f.
11 Verfügung LR 20.5.1933, in: ARSK LSK 547.
12 ARSK SK 1, Bl. 89f.
13 Personalfragebogen Koch 25.1.1934, in: ARSK LSK 718.
14 ARSK Nachlass 15 (Clarenz), Nr. 25.
15 *Kölnischer Kurier* 18.11.1945.
16 Lebenslauf Clarenz, in: ARSK SK 1, Bl. 89f.; zum beruflichen Werdegang von Clarenz vgl. auch Landkreistag NRW: Dokumentation, S. 597.

17 Zweite berichtigte Fassung einer Anweisung der Kontrollkommission für Deutschland, Britische Abteilung, 21.11.1945, in: ARSK SK 325, Bl. 10f.
18 VB SK 1945, in: ARSK SK 59, Bl. 58ff.
19 Albertin: Freie Demokratische Partei.
20 Die überkonfessionelle Christlich Demokratische Volkspartei als Vorläufer der späteren Christlich-Demokratischen Union war am 17. Juni 1945 in Köln gegründet worden. (Dohms: Christlich-Demokratische Union, S. 81)
21 VB SK 1945, in: ARSK SK 59, Bl. 58ff.
22 Bericht Kreisverw. 24.9.1945, in: ARSK SK 5, Bl. 5.
23 ARSK SK 384, Bl. 50ff.; Grundmann: Besatzungspolitik, S. 73.
24 *Kölnischer Kurier* 14.12.1945.
25 Niederschr. BMDV 4.2.1946, in: ARSK SK 384, Bl. 76f.
26 Schr. 27.12.1945, in: ARSK SK 325, Bl. 37.
27 Niederschr. BMDV 18.2.1946, in: ARSK SK 384, Bl. 78f.
28 Krabbe: Selbstverwaltung.
29 Schr. LR an MR SK 8.1.1946, in: ARSK SK 325, Bl. 59.
30 VB SK 1945, in: ARSK SK 59, Bl. 58ff.
31 ARSK SK 2184, Bl. 13f.
32 AA SK 9.2.1946.
33 ARSK SK 1, Bl. 137ff.
34 AA SK 9.2.1946.
35 Niederschr. Sitzung AmtsV Oberpleis 13.2.1946, in: ARSK SK 184, Bl. 9ff.
36 Niederschr. Sitzung AmtsV Lohmar 27.2.1945, in: ARSK SK 193, Bl. 1ff.
37 ARSK SK 2187, Bl. 59.
38 Niederschr. BMDV 18.2.1946, in: ARSK SK 384, Bl. 78f.
39 ARSK SK 1, Bl. 17ff.
40 Romeyk: Verwaltungsbeamte, S. 476.
41 ARSK SK 59, Bl. 112.
42 ARSK SK 2187, Bl. 30.
43 ARSK SK 1, Bl. 17ff.
44 Niederschr. Sitzung GemV Hennef 22.3.1946, in: ARSK SK 188, Bl. 10f.
45 Niederschr. Sitzungen GemV Eitorf 4. u. 7.4.1946, in: ARSK SK 187, Bl. 2 u. 8.
46 Pressemitteilung MR 4.6.1946, in: ARSK SK 579, Bl. 1.
47 ARSK SK 580, Bl. 70 u. 190ff.; zur Stellung der Kommunisten in Honnef nach dem Ersten Weltkrieg vgl. Paul: Politische Kundgebungen, S. 229f.
48 ARSK SK 580, Bl. 74, 230 u. 235.
49 ARSK SK 579, Bl. 104. Landeswahlergebnis nach Statistischen Kurzberichten NRW, Jg. 1948, Nr. 5, 22.10.1948, S. 4f., in: ARSK SK 583, Bl. 204f.
50 ARSK SK 579, Bl. 69ff.
51 ARSK SK 2187, Bl. 57ff.
52 Niederschr. Sitzung StV Honnef 2.10.1946, in: ARSK SK 190, Bl. 12ff.
53 ARSK SK 580, Bl. 70 u. 193f.
54 Niederschr. Sitzung StV Honnef 22.4.1947, in: ARSK SK 190, Bl. 25ff.
55 Niederschr. Sitzung GemV Hennef 1.10.1946, in: ARSK SK 188, Bl. 42ff.
56 ARSK SK 580, Bl. 70 u. 191.
57 Landtag NRW, 1. Wahlperiode, 37. Sitzung (6.4.1948), Plenarprotokolle, S. 196ff.
58 ARSK SK 583, Bl. 1.
59 Vgl. Schr. NSDAP-Kreisleitung an LR 29.8.1934 u. NSDAP-Ortsgruppenleiter Wahlscheid an NSDAP-Kreisleitung 24.11.1935, in: ARSK LSK 718; Schr. LR an Koch 11.2.1936, in: ARSK LSK 1777.
60 ARSK SK 583, Bl. 1 u. 204f.
61 Ebd., Bl. 30ff.
62 Niederschr. Sitzung AmtsV Oberpleis 12.11.1948, in: ARSK SK 184, Bl. 129ff.; zu Elisabeth Vurthmanns vgl. Paul: Vurthmann.
63 Berechnet nach den Angaben in: ARSK SK 583, Bl. 1, 30ff. u. 201. Die Statistik der Kreisverwaltung zur Anzahl der Flüchtlingsvertreter im Kreistag und in den Kommunalvertretungen (Bl. 201) enthält einen groben Fehler, denn sie berücksichtigt bei der Gesamtzahl aller Vertreter nicht die Gemeinde- und Amtsvertretungen, in denen es überhaupt keine Vertriebenen gab. Die Gesamtzahl aller Kommunalvertreter im Siegkreis einschließlich des Kreistags betrug nicht wie in der Auflistung der Kreisverwaltung fälschlicherweise angegeben 335, sondern 639.
64 ARSK SK 2188, Bl. 31ff.
65 Vierhaus/Herbst: Biographisches Handbuch, S. 193.
66 ARSK SK 2188, Bl. 31ff.

WIRTSCHAFTLICHE ENTWICKLUNG

Während des Zweiten Weltkriegs produzierten die Industrieunternehmen im Siegkreis zu einem großen Teil Kriegsmaterial. Ihre »Umstellung auf Friedensproduktion« werde »längere Zeit« dauern, prognostizierte die Kreisverwaltung im Verwaltungsbericht für 1945.[1] Grundsätzlich durften Unternehmen nach Kriegsende ihre Produktion nur mit Genehmigung der Militärregierung, dem sogenannten »Permit«, wieder aufnehmen. Der britische Militärgouverneur im Siegkreis rügte in einer Dienstbesprechung der Bürgermeister im August 1945, »dass verschiedene Fabrikunternehmen ihren Betrieb ohne die erforderliche Genehmigung [...] wieder eröffnet hätten«.[2]

Ebenso wie in der Kriegszeit wurden auch nach Kriegsende Arbeitskräfte Betrieben vielfach durch Dienstverpflichtungen oder Arbeitsbefehle des Arbeitsamts zugewiesen. Männliche Arbeitskräfte im Alter von 14 bis 65 Jahre und weibliche im Alter von 14 bis 45 Jahre erhielten Lebensmittelkarten nur bei Vorlage eines vom Arbeitsamt ausgestellten Arbeitspasses.[3] Das Arbeitsamt Siegburg, das sich im März 1945, wie bereits erwähnt, selbst aufgelöst hatte, nahm im Oktober desselben Jahres seinen Betrieb wieder auf. Der Hennefer Gemeindedirektor Dr. Adolf Henze beschwerte sich im Januar 1947 darüber, dass die Arbeitsämter »Arbeitskräfte aus ländlichen Bezirken zum Wiederaufbau von Großstädten und für den Bergbau durch Deportation« einsetzten, obwohl dort die »Lebensbedingungen nicht gewährleistet« seien. Seiner Ansicht waren die Dienstverpflichtungen »mit den Grundsätzen von Demokratie unvereinbar«.[4]

Besonders restriktiven Arbeitsregelungen unterlagen ab 1. Oktober 1945 Frauen unter 21 Jahren, wenn sie noch nicht als Arbeiterinnen, Angestellte oder Lehrlinge beschäftigt waren. Nach einem Erlass des Oberpräsidenten der Nord-Rheinprovinz konnten sie ab diesem Zeitpunkt nur noch dann eingestellt werden, »wenn sie mindestens ein Jahr lang mit Zustimmung des Arbeitsamtes in der Land- oder Hauswirtschaft tätig waren«.[5] Doch fiel »die Besetzung der gemeldeten Stellen nicht leicht, da die Eltern ihre Kinder nicht freiwillig in fremde Haushaltungen geben« wollten und die Landwirtschaft erfreute sich bei den jungen Frauen »trotz der besseren Verpflegung keineswegs einer größeren Beliebtheit«, meldete Landrat Clarenz der Militärregierung.[6] Der Erlass von 1945 knüpfte an eine Regelung vom Februar 1938 an, als das NS-Regime im Rahmen des Vierjahresplans angeordnet hatte, »dass alle Frauen unter 25 Jahren, die in der Industrie oder im Dienstleistungssektor arbeiten wollten, zunächst ein Pflichtjahr auf einem Bauernhof oder, sofern sie verheiratet waren, in der Hauswirtschaft absolvieren« mussten.[7]

Im Herbst 1945 bestand im Baugewerbe angesichts der mit Hochdruck laufenden Instandsetzungsarbeiten an Gebäuden und Verkehrswegen ein zunehmender Facharbeitermangel. Auch in der Metallindustrie fehlten Facharbeiter. Die Kreisverwaltung war aber zuversichtlich, dass sich zumindest der Mangel an Metallarbeitern durch die Rückkehr von Soldaten aus der Kriegsgefangenschaft beheben lasse.[8] Nach Angaben der Militärregierung war die Arbeitslosigkeit im Siegkreis zum Jahreswechsel 1945/46 »noch nicht hoch«.[9] Allerdings wurde zu dieser Zeit »nur ein geringer Teil der Industriearbeiter in den früheren Produktionsstätten« beschäftigt. Die meisten wurden bei »vorübergehenden Notstands- und Aufräumungsarbeiten« eingesetzt.[10] Die weitere Beschäftigungsentwicklung ließ sich nach Meinung der Kreisverwaltung »noch nicht übersehen«, weil beim Aufbau einer »nachhaltigen Beschäftigung« noch manche Hindernisse zu überwinden seien.[11]

Weil die Wirtschaft in der ersten Rekonstruktionsphase in erster Linie körperlich »voll einsatzfähige Arbeitskräfte« benötigte, waren Kriegsversehrte, aber auch Angestellte, die »nach amtsärztlicher Untersuchung für körperliche Arbeiten nicht oder nur in geringem Umfang tauglich« waren, vielfach arbeitslos.[12] Im Laufe des Jahres 1946 wuchs die Zahl der Kriegsbeschädigten und Kriegshinterbliebenen im Siegkreis auf über 10.000 Personen. Die Kreisverwaltung und das Arbeitsamt konnten 1946 nur rund 300 Schwerbeschädigten »geeignete Arbeitsplätze« vermitteln.[13]

Seit Anfang 1947 blickte die für den Siegkreis wichtige, vor allem in Troisdorf ansässige Metall- und Chemieindustrie mit einem gewissen Optimismus in die Zukunft, war doch ihr Auftragsbestand inzwischen »außerordentlich groß«. In der Dynamit AG, die Sprengkapseln und Zünder für den Bergbau, aber auch Zelluloid und andere Kunststoffe herstellte, überschritt der Auftragsbestand sogar »das Vielfache dessen, was die Firma nach Fertigungsgenehmigung und Rohstoffbestand fertigen« konnte.[14] In den Klöckner-Werken reichten die Aufträge Anfang 1947 schon »für eine mehrmonatige Beschäftigung« aus[15] und im Mai desselben Jahres waren dort sechs der insgesamt acht Walzenstraßen wieder in Betrieb.[16] Die Zellwollfabrik in Siegburg, die am 1. Februar 1945 wegen ausbleibender Rohstofflieferungen geschlossen worden war[17], nahm am 1. September 1948 ihren Betrieb wieder auf und sorgte sogleich wieder für große Umweltbelastungen.[18] Die drei größten, durch Kriegseinwirkungen schwer beschädigten Unternehmen in Eitorf – die Schoellersche Kammgarnspinnerei AG, die Metallfabrik Boge & Sohn, die u. a. Stoßdämpfer für Autos herstellte, und die Chemische Fabrik Krewel-Leuffen – arbeiteten seit Anfang 1947 in zunächst sehr eingeschränktem Umfang wieder.[19]

Seit Herbst 1946 war auch im Siegkreis die Frage der Demontage von Industrieanlagen Gegenstand der politischen Debatte. In der Kreistagssitzung am 6. November sprach sich die SPD-Fraktion »gegen die Demontage der Werke in Rheinland und Westfalen« aus. »Wenn man Deutschland seiner industriellen Potenz beraubt und zum Kartoffelacker machen will, dann darf man sich nicht wundern, wenn Not und Verzweiflung um sich greifen mit all ihren unberechenbaren Folgen«, hieß es in der Erklärung der SPD.[20]

Die Landtagsfraktion des Zentrums protestierte am 25. Juni 1947 gegen neue Demontagen in einem Teil der Dynamit AG in Troisdorf und wies in ihrem Antrag darauf hin, dass »die Erzeugnisse des seit 25 Jahren bestehenden Kunststoffwerks [...] nur zivilen Zwecken« dienten. Außerdem hätten dort bereits Demontagen stattgefunden. Von dem Kunststoffwerk seien »viele Tausende von Familien abhängig, die teilweise seit Generationen mit dem Werk verbunden sind«. Durch den weiteren Abbau von Anlagen würde auch »die finanzielle Lage des Siegkreises in schwer tragbarem Umfang beeinträchtigt«.[21] Die KPD-Landtagsfraktion forderte ebenfalls, den Abbau »der der Friedenswirtschaft dienenden Pressstoffherstellung und Knopfproduktion in der Dynamit AG Troisdorf zu unterbinden«.[22] Der Landtag bat die Militärregierung in einer gemeinsamen Entschließung am 31. Juli 1947, weitere Demontage bis zur Bekanntgabe eines neuen Industrieplans auszusetzen oder zumindest die zuständigen deutschen Stellen rechtzeitig zu informieren und anzuhören.[23] Im Oktober 1947 vereinbarten die amerikanische und die britische Militärregierung, dass in ihren Besatzungszonen 682 Betriebe ganz oder teilweise demontiert werden sollten, von denen sich 294 in NRW befanden. Die britische Militärregierung »ließ jedoch deutsche Gegenvorschläge zu, so dass es den deutschen Behörden schließlich gelungen ist, die empfindlichsten Eingriffe in die Produktion zu vereiteln«.[24] Auch die sozialen Auswirkungen der Demontagen hielten sich in Grenzen, da »die Umsetzung der Arbeitskräfte [...] angesichts des allgemeinen Arbeitskräftemangels kein sonderliches Problem« darstellte.[25]

Der Kreistag verabschiedete am 23. Oktober 1947 einstimmig einen von der CDU-Fraktion eingebrachten Entschließungsantrag gegen die im Siegkreis geplanten Demontagen. Darin hieß es:

»Der Demontagebefehl hat auch den Siegkreis hart betroffen. Wichtige und große Betriebe werden hiervon einschneidend in Mitleidenschaft gezogen. Dabei trifft der Demontagebefehl mit Ausnahme von zwei Teilbetrieben, die auf Kriegsproduktion eingestellt waren, Unternehmen, die der Friedenswirtschaft dienten. Aus Gründen der Wiedergutmachung und der Beseitigung der reinen kriegsindustriellen Anlagen können wir uns der grundsätzlichen Tatsache, dass in gewissem Umfang demontiert werden soll, nicht verschließen. Aber ebenso klar und eindeutig sollte man im Interesse der baldigen Wiederkehr eines echten Friedens und einer gesunden Gesamtwirtschaft, das heißt der Verhinderung der Verelendung deutscher Volksmassen, das ›Wie‹ der Demontage anders gestalten [...].«[26]

Während in der Dynamit AG und den Klöckner-Werken nur Teildemontagen vorgesehen waren, sollten die Maschinenfabrik Victor Bauer in Troisdorf mit 26 Beschäftigten, die Armaturenfabrik Josef Strack in Oberlar (Gemeinde Sieglar) mit 27 Beschäftigten, das Chronos-Werk für automatische Waagen mit 94 Arbeitskräften und die Maschinen- und Armaturenfabrik Kehren & Hollweg mit 35 Arbeitskräften (beide in Hennef) ganz demontiert werden. Die Anlagen eines siebten Unternehmens, der seit Kriegsende stillgelegten Aero-Stahl GmbH in Königswinter, waren bereits abgebaut worden. Schon im September 1946 waren Anlageteile der Zellwollfabrik in Siegburg demontiert und nach Großbritannien gebracht worden. Auch der Hochofen in den Klöckner-Werken war abgebaut worden.[28]

In der Resolution vom 23. Oktober 1947 wurde eingeräumt, dass sich die beabsichtigten Demontagen »im Augenblick infolge der allgemeinen Verhältnisse [auf] die sozialen Belange der Belegschaften nicht so katastrophal auswirken« würden. Aber auf längere Sicht werde »eine namhafte Zahl von Arbeitern und Angestellten in ihrer Existenz bedroht«. Deshalb wurde die Landesregierung gebeten, »einen Aufschub der Demontage zu erwirken« und bei späteren Demontagen die sozialen Belange der Belegschaften zu berücksichtigen. Auf Vorschlag von Landrat Gorius sollte eine Delegation des Kreistags den Militärgouverneur in Siegburg »auf die Tragweite der Demontage für die Industrie und die arbeitende Bevölkerung des Siegkreises eindringlich hinweisen«.[29]

Wilhelm Hamacher, der Vorsitzende der Kreistagsfraktion des Zentrums, griff in der Kreistagssitzung am 30. März 1948 die Demontagefrage erneut auf. Anlass war die Demontage einer Zahnradfräsmaschine in der Troisdorfer Maschinenbaufabrik Keller, die in der Demontageliste nicht gestanden hatte. Auf Antrag Hamachers verabschiedete der Kreistag einstimmig eine Entschließung gegen die bereits durchgeführte Demontage. Das CDU-Kreistagsmitglied Schneider erinnerte an einen Fall, wo der Eigentümer eine schon abtransportierte Maschine wieder zurückerhalten habe und hegte daher »noch eine leise Hoffnung«, dass auch das Troisdorfer Unternehmen seine Maschine wiederbekommen könne.[30]

Schon vor der Währungsreform von 1948 bemühte sich die Kreisverwaltung »nicht ohne Erfolg« darum, »Industrie, hauptsächlich mittlere und kleinere Industrie, anzusiedeln, um neue Beschäftigungsmöglichkeiten zu schaffen«.[31] Nach der Währungsreform gründeten auch Vertriebene im Siegkreis mit finanzieller Unterstützung des Landes verschiedene kleinere Industrie- und Handwerksunternehmen.[32] Im öffentlichen Dienst löste die Währungsreform dagegen Sparmaßnahmen, insbesondere bei den Personalkosten, aus, denn der »Währungsschnitt raubte«, wie der Siegburger Stadtdirektor De Visscher im Jahresrückblick für 1948 festhielt, »alle Reserven«.[33]

Anmerkungen:

1 ARSK SK 59, Bl. 58ff.
2 Niederschr. BMDV 20.8.1945, in: ARSK SK 384, Bl. 46f.
3 Schr. Arbeitsamt Siegburg an LR 28.10.1945, in: ARSK SK 5, Bl. 156.
4 Schr. an OKD 11.1.1947, in: ARSK SK 7, Bl. 5.
5 *Kölnischer Kurier* 25.9.1945.
6 Schr. 10.1945, in: ARSK SK 5, Bl. 65.
7 Evans: Drittes Reich, Bd. II, S. 446.
8 Schr. an MR SK 5.10.1945, in: ARSK SK 5, Bl. 65.
9 Niederschr. BMDV 7.1.1946, in: ARSK SK 384, Bl. 72f.
10 ARSK SK 59, Bl. 1ff.
11 AA SK 16.2.1946.
12 Schr. LR an MR SK 5.10.1945, in: ARSK SK 5, Bl. 65.
13 Arbeitsberichte Kreisverw. 1946, in: ARSK SK 4724, Bl. 8.
14 Schr. GemDir Troisdorf an OKD 15.1.1947, in: ARSK SK 7, Bl. 31f.
15 Monatsbericht OKD an MR SK März 1947, Anlage J 9, in: ARSK SK 6, Bl. 121.
16 Schr. Amtsdirektor Menden an OKD 17.5.1947, in: ARSK SK 7, Bl. 99.
17 Bericht BM Siegburg 20.2.1945, in: ARSK LSK 3319, Bl. 19ff.
18 Die Phrix-Familie. Werkzeitschrift der Phrix-Unternehmen, Nr. 1, Oktober 1951; Niederschr. Sitzung StV Sbg 8.10.1948, in: ARSK SK 206, Bl. 111ff.
19 Schr. GemDir Eitorf an OKD 13.1.1947, in: ARSK SK 7, Bl. 4.
20 ARSK SK 2187, Bl. 59.
21 Landtag NRW, 1. Wahlperiode: Drucksache 50.
22 Ebd: Drucksache 61, 22.7.1947
23 Ebd.: 8. Sitzung, Plenarprotokolle, S. 1f.
24 Scriverius: Demontage.
25 Benz: Auftrag Demokratie, S. 213.
26 ARSK SK 2187, Bl. 147ff.
27 Aufstellung Arbeitsamt Sbg 24.3.1948, in: ARSK SK 59, Bl. 181. Die Aero-Stahl war im Herbst 1944 von Porz in frühere Steinbruchstollen im Siebengebirge verlagert worden und hatte Einspritzpumpen für Flugzeugmotoren hergestellt. (Klein: Nationalsozialismus, S. 585ff.)
28 Vogt: Wirtschaftsregion, S. 216.
29 ARSK SK 2187, Bl. 147ff.
30 ARSK SK 65, Bl. 5ff.
31 VB SK 1947, in: ARSK SK 2188, Bl. 15f.
32 Bericht Kreisverw. 20.12.1948, in: ARSK SK 59, Bl. 216.
33 AA SK 10.1.1949.

Bilder von der Beerdigung des erschossenen SS-Scharführer Franz Müller, Februar 1933

UMGANG MIT DER NATIONALSOZIALISTISCHEN VERGANGENHEIT

Im Potsdamer Abkommen vom 2. August 1945 legten die Vereinigten Staaten, Großbritannien und die Sowjetunion in Grundzügen fest, wie sie mit den nationalsozialistischen Funktionsträgern und NS-Organisationen umgehen wollten.

»*Nazistische Parteiführer, einflussreiche Nazianhänger und die Leiter nazistischer Ämter und Organisationen und alle anderen Personen, die für die Besetzung[!] und ihre Ziele gefährlich sind, sind zu verhaften und zu internieren. [...] Alle Mitglieder der nazistischen Partei, welche mehr als nominell an ihrer Tätigkeit teilgenommen haben, und alle anderen Personen, die den alliierten Zielen feindlich gegenüberstehen, sind aus den öffentlichen und halböffentlichen Ämtern und von den verantwortlichen Posten in wichtigen Privatunternehmungen zu entfernen.*«[1]

Um zu herauszufinden, wer zu den nationalsozialistischen Funktionsträgern im Siegkreis gehört hatte, wies der amerikanische Militärgouverneur die Bürgermeister schon in der ersten Dienstbesprechung am 23. April 1945 an, ihm binnen eines Tages eine Liste mit den Namen und Anschriften von NSDAP-Ortsgruppenleitern, SS- und SA-Führern, Leitern anderer NS-Organisationen und Gestapomitarbeitern vorzulegen. Ehemalige HJ-Führer sollten überwacht werden. Die Rückkehr geflüchteter Nationalsozialisten war der Militärregierung unverzüglich zu melden.[2] Im Mai verteilte die amerikanische Militärregierung im Siegkreis erste Fragebögen, um festzustellen, wer von den Beschäftigten im öffentlichen Dienst Mitglied in nationalsozialistischen Organisationen gewesen war und sich in ihnen betätigt hatte. Einige Bürgermeister im Siegkreis maßen dieser Aktion anscheinend keine besondere Bedeutung bei und hielten den festgesetzten Abgabetermin nicht ein. Sie wurden in einer Dienstbesprechung am 14. Mai 1945 angewiesen, die Fragebögen bis zum nächsten Tag um 17 Uhr dem Militärbüro vorzulegen.[3]

Die Bevölkerung zeigte offenbar wenig Verständnis dafür, dass ehemalige NSDAP-Mitglieder weiter im öffentlichen Dienst arbeiteten. Der Bürgermeister von Königswinter berichtete Anfang Mai 1945: »In der Bevölkerung macht sich, wie in verschiedenen anderen Orten, eine Stimmung gegen die Beamten und Angestellten der öffentlichen Verwaltung, die der NSDAP angehört haben und noch im Amt sind, bemerkbar. Nach meiner Ansicht [...] wird diese Stimmung in der Hauptsache durch von auswärts hier zugezogene Elemente geschürt.«[4] In Sieglar wurden unmittelbar nach dem Zusammenbruch der NS-Herrschaft »untragbare Parteileute, die sich hier zum Dienst zurückmeldeten«, »beurlaubt bzw. nicht wieder eingestellt«.[5]

Der von den Amerikanern zunächst eingesetzte Landrat Bierhoff forderte die Bürgermeister am 22. Mai 1945 auf, bis zum 28. des Monats »eine Liste der Beigeordneten, Bürgermeister und Ortsvorsteher mit Angabe ihrer Personalien und früheren Parteizugehörigkeit vorzulegen«.⁶ Diese Liste bildete die Grundlage für die anschließende Säuberung der Kreisverwaltung, der Gemeindeverwaltungen und öffentlich-rechtlicher Einrichtungen wie der Kreissparkasse von allen früheren Nationalsozialisten. Am 28. Mai teilte der Militärgouverneur den Bürgermeistern mit, »dass auf Anordnung höherer Stellen 581 Beamte und Angestellte des Siegkreises bis morgen Nachmittag 5 Uhr wegen ihrer Parteizugehörigkeit entlassen werden« müssten. Doch dürfe »keine Stockung in der Verwaltung, insbesondere nicht in der allgemeinen Lebensmittelversorgung und Versorgung der Ausländer, eintreten«. Deshalb müssten die Suspendierten »den im Amt Verbleibenden mit Rat und Tat zur Seite stehen«.⁷

Zu den Entlassenen gehörte auch, wie schon erwähnt, Landrat Bierhoff. Er sei »wegen seiner Mitgliedschaft zur NSDAP seines Amtes enthoben« worden, hieß es im Verwaltungsbericht für 1945⁸, wobei allerdings verschwiegen wurde, dass er auch der SA angehört hatte. Bierhoff, 1900 in Köln geboren, hatte in Bonn und Köln Rechtswissenschaft studiert und war nach mehreren beruflichen Stationen seit 1937 Kreisrechtsrat beim Siegkreis gewesen. Am 1. Mai 1933 trat er in die NSDAP ein und seit 1. November desselben Jahres gehörte er auch der SA an. Nach seiner Entlassung arbeitete er mit Zustimmung des Hauptausschusses des Kreistags des Siegkreises seit April 1946 zunächst halbtags wieder für die Kreisverwaltung – allerdings nicht im Kreishaus, sondern zu Hause. Der Entnazifizierungsausschuss des Siegkreises erhob im Juni 1946 »keine Bedenken« gegen seine erneute Verwendung im öffentlichen Dienst. Wenig später wurde Bierhoff als »juristischer Hilfsarbeiter« bei der Kreisverwaltung vorläufig wieder eingestellt. Nachdem ihn der Entnazifizierungshauptausschuss des Siegkreises im Oktober 1947 in die Kategorie V (entlastet) eingestuft hatte, wurde Bierhoff wieder als Kreisrechtsrat beim Siegkreis eingestellt. Von 1952 bis 1965 war er Oberkreisdirektor des Kreises Düren.⁹

Der neue von der Militärregierung ernannte Landrat Clarenz gab in der Dienstbesprechung der Bürgermeister am 28. Mai 1945 die Namen der zu entlassenden Beschäftigen bekannt; sie waren in Listen erfasst, die ihm die Militärregierung übergeben hatte. Die Bürgermeister erhielten den Auftrag, die Listen »auf ihre Richtigkeit und Vollständigkeit zu überprüfen und eventuell zu berichtigen und zu ergänzen«. Die Entlassungslisten sind nicht mehr vorhanden. Nach Auffassung von Clarenz stellte »die Entlassung aller früheren Parteimitglieder die Verwaltung auf eine ganz außerordentliche Belastungsprobe«; denn »jeder, der Einblick in den Gang einer Verwaltung habe, wisse, dass man mit den verbleibenden Fachkräften und neuen ungeschulten Leuten die Verwaltung nicht ordnungsgemäß führen könne. Trotzdem dürfe man nicht verzagen.«¹⁰

In der Kreisverwaltung wurden aufgrund der Anordnung der Militärregierung 37 Beamte und 59 Angestellte entlassen. Abgesehen »von drei Beamten und wenigen Verwaltungsangestellten, die nicht Parteigenossen waren, war von diesem Tage ab die Kreisverwaltung sieben Wochen lang von Fachkräften fast vollständig entblößt«.¹¹ Zur Frage der NSDAP-Mitgliedschaft von Beschäftigen im öffentlichen Dienst bemerkte der frühere Rentmeister (Kämmerer) des Amtes Oberpleis, Wilhelm Weber, vor einigen

Jahren selbstkritisch: »Wir waren ja alle in der Partei gewesen – alle, fast ausnahmslos. Alles, was in der Verwaltung war, war in der Partei.«[12]

Manche Bürgermeister scherten sich auch beim Beschäftigungsverbot für belastete Bedienstete nicht um die Anordnung der Militärregierung. In der Dienstbesprechung am 18. Juni monierte ein Vertreter der amerikanischen Militärregierung, »dass verschiedene Bürgermeister und auch andere öffentliche Dienststellen im Siegkreis frühere Parteimitglieder wieder in ihre alte Stellung zurückberufen hätten«. Die Militärregierung werde dieses »eigenmächtige [...] Vorgehen« nicht hinnehmen. Wiedereingestellte frühere NSDAP-Mitglieder müssten unverzüglich wieder entlassen werden. Behördenleiter, die diesen Befehl ignorierten, würden zur Verantwortung gezogen.[13]

Die britische Militärregierung lockerte das von den Amerikanern verhängte rigorose Beschäftigungsverbot. In der Besprechung der Bürgermeister am 2. Juli teilte der neue Militärgouverneur mit, ein Teil der im öffentlichen Dienst entlassenen Angestellten könne wieder eingestellt werden. Aber es dürften »nur solche Personen zurückberufen werden, die politisch nicht hervorgetreten sind und von denen bekannt sei, dass sie innerlich dem Nationalsozialismus ablehnend gegenüberstanden«. Auch sollten sie »tüchtig und charakterfest« sein und in der Verwaltung gebraucht werden.[14] Eine Woche später war die Militärregierung damit einverstanden, dass auch eine begrenzte Anzahl entlasser Beamten wieder eingestellt wurde, sofern diese keine Parteiaktivisten gewesen waren, den Nationalsozialismus »innerlich« abgelehnt hatten und in der Verwaltung benötigt wurden. Diese wiedereingestellten Beamten durften aber keine leitenden Stellen übernehmen. Die Bürgermeister wurden angehalten, sich in Zweifelsfällen an den Landrat zu wenden.[15]

In der nächsten Dienstversammlung am 16. Juli machte der Militärgouverneur keinen Hehl aus seiner Verärgerung, dass seine Einwilligung zur Wiedereinstellung einer »begrenzten Anzahl von Beamten«, womit er »ein oder zwei Beamte« in den jeweiligen Verwaltungen gemeint habe, exzessiv ausgenutzt worden sei. In den Vorschlagslisten einiger Behörden seien »20 und mehr Beamte« aufgeführt worden. Diesen Versuch, offenbar einen großen Teil der Beamten, die wegen ihrer NSDAP-Mitgliedschaft entlassen worden waren, wieder einzustellen, wertete der Militärgouverneur »als eine Missachtung seiner Anweisung« vom 9. Juli. Er drohte den betreffenden Behördenleitern an, sie persönlich zur Rechenschaft zu ziehen, falls sie künftig die Anordnungen der Militärregierung nicht strikt befolgten. Die Frage von Landrat Clarenz, »ob die Beamten, die wegen ihrer früheren Mitgliedschaft zur Partei am 29. Mai 1945 entlassen worden seien, aber trotzdem ihre Arbeit fortgesetzt hätten, eine Entschädigung für diese Arbeit erhalten könnten, beantwortete der Militärgouverneur mit Nein«.[16]

Auf »wiederholte Vorstellungen« des Landrats erlaubte die britische Militärregierung im Juli 1945 die Wiederanstellung von sechs entlassenen Beamten und zehn Angestellten bei der Kreisverwaltung. Der von der Militärregierung ernannte Kreisausschuss unterstützte Clarenz bei seinen Bemühungen zur Wiedereinstellung von entlassenen Beschäftigten der Kreisverwaltung. Einige Monate später wurden vier weitere Beamte mit Genehmigung der Militärregierung wieder eingestellt. Zwei der wieder eingestellten Angestellten wurden aber wieder entlassen, weil ihre Stellen mit Nichtparteimitgliedern besetzt werden konnten. Im Januar 1946 waren bei der Kreisverwaltung 16 Beamte und 194 Angestellte beschäftigt. Von den Angestellten waren 38 für die Militärregierung tätig.[17] Der Siegkreis bemühte sich, frühere Nationalsozialisten in der Verwaltung durch neue, unbelastete Mitarbeiter zu ersetzen. Der Kreistag verabschiedete am 26. Juli 1947 einstimmig einen Antrag der KPD, wonach »ehemalige Parteimitglieder, die nicht als Mitläufer bezeichnet werden können, in Kreis- und Gemeindeverwaltungen grundsätzlich nicht zu beschäftigen« seien. Einen weiteren kommunistischen Antrag, die Kosten für die Verwaltungsausbildung von Bewerbern zu übernehmen, die keine NSDAP-Mitglieder gewesen waren, nahm der Kreistag mit großer Mehrheit an.[18]

Für die KPD war, wie ihr Kreistagsmitglied Johann Kachel in der ersten Kreistagssitzung am 31. Januar 1946 erklärte, eine »allumfassende Entnazifizierung« die »[e]rste Voraussetzung« für den Aufbau einer demokratischen Gesellschaft«.[19] Der Sozialdemokrat Buchholz äußerte sich in der ersten Sitzung der Amtsvertretung von Oberpleis im Februar 1946 kritisch zur Entnazifizierung und meinte, es werde »die Aufgabe einer künftigen Geschichtsschreibung sein, festzustellen, welche Kräfte und Einflüsse es waren, die diesen notwendigen Reinigungsprozess im Großen und Ganzen bis heute hinausgezögert und verlangsamt« hätten. Buchholz beklagte, dass die »aktiven Antifaschisten«, zu denen er sich selbst rechnete, auch in der Nachkriegszeit »in einem geistigen Ghetto« leben müssten und »gesellschaftlich geächtet und [...] wirtschaftlich boykottiert« würden. In der Bevölkerung sei bereits die Meinung zu hören, »man müsse Nazi gewesen sein, wenn es einem heute gut gehen soll«.[20] Buchholz gehörte dem Kreisentnazifizierungsausschuss an, gab aber nach Querelen mit der Kreisverwaltung im Juni 1948 seinen Posten als Geschäftsführer des Entnazifizierungsausschusses auf.[21]

Der Sozialdemokrat Hans Euler wollte in der im Februar 1946 stattfindenden ersten Sitzung der Amtsvertretung Lohmar den vielen »sogenannten Muss-Pgs [...] ihr heutiges Bekenntnis zur Demokratie nicht glauben. [...] Ihre demokratische Gesinnung mögen sie erst mit der Schüppe in der Hand beweisen. [...] Am ersten Aufbauwerk unserer Demokratie haben sie aber in der Verwaltung nichts verloren.«[22] Der Vorsitzende der Zentrumsfraktion im Lohmarer Gemeinderat, Baptist Broicher, plädierte für eine nachsichtigere Behandlung der nur nominellen NSDAP-Mitglieder und wandte sich dagegen, »dass immer wieder gegen die Nur-Pgs geeifert werde; christliche Weltanschauung verlange Versöhnung in christlicher Liebe. Wenn wir immer wieder die früheren Pgs fühlen ließen, dass sie Pgs waren, so würden diese nie gewonnen werden. Wir brauchten heute alle Hände.« Euler, der auch dem Lohmarer Gemeinderat angehörte, entgegnete Broicher, die Sozialdemokraten würden es »keineswegs dulden, dass Parteigenossen in den öffentlichen Ämtern [...] immer mit dem Deckmantel christlicher Nächstenliebe behandel[t]« würden.[23]

In der Kreistagssitzung am 22. Januar 1947 kritisierte Kreis-Resident-Officer Collings mit ungewöhnlich scharfen Worten, dass es

»auch in diesem Raum Leute [gebe], die versuchen, die alten Parteigenossen zu beschützen, ihnen beizustehen und zu helfen. Und zwar Mitgliedern einer Partei, die dieses Elend verursacht hat, die sich mit Zerstörung gerühmt hat. Diejenigen von Ihnen, die solchen Empfindungen nachgeben, sind schlimmer als Verbrecher, sie sind Narren.«[24] Es bleibt offen, gegen wen sich Collings' harsche Kritik richtete. Die sozialdemokratisch orientierte *Rheinische Zeitung* wollte, wie sie in ihrer Ausgabe vom 25. Januar schrieb, »erfahren« haben, dass sich Collings' in deutscher Sprache vorgetragene Philippika, die »Aufsehen« erregt habe, »wohl mehr auf führende Spitzen der Kreisverwaltung bezogen habe«.[25] Diese Vermutung wies Collings umgehend als falsch zurück und erklärte gegenüber dem Blatt am 27. Januar, es träfe nicht zu, dass sich seine »Warnung hinsichtlich der Beschützung ehemaliger Nazis an leitende Beamte der Kreisverwaltung gerichtet« habe. »Die Warnung war im Allgemeinen an diejenigen gerichtet, die solche Gefühle hegen, aber an niemanden im Besonderen.« Collings verlangte »ein Dementi«, das die *Rheinische Zeitung* am 1. Februar veröffentlichte.[26]

Collings forderte den Oberkreisdirektor am 30. Januar 1947 auf, die Entnazifizierungsausschüsse sollten ihre »ganze Kraft [...] darauf konzentrieren, zuerst diejenigen Personen zu prüfen, die höhere Stellungen [...] einnehmen«. Anstatt »verhältnismäßig unwichtige Personen« zu überprüfen, sollte endlich »mit der Prüfung der wichtigeren Personen« begonnen werden.[27] Aus den frühen Nachforschungen der amerikanischen Militärregierung hatte sich nach und nach ein systematisches Entnazifizierungsverfahren entwickelt. Im Frühjahr 1946 wurden auf der Kreis- und Gemeindeebene im Siegkreis Entnazifizierungsausschüsse eingerichtet.[28] Diese Ausschüsse durften anfangs nur die Empfehlung »Entlassung« oder »Belassung« abgeben. Im Frühjahr 1947 führte die britische Besatzungsmacht eine fünfstufige Kategorisierung ein. Fortan endeten Entnazifizierungsverfahren mit folgenden Eingruppierungen: I. Hauptschuldige (Kriegsverbrecher), II. Belastete (Aktivisten, Militaristen, Nutznießer), III. Minderbelastete, IV. Mitläufer, V. Entlastete. Die Militärregierung entschied über die Einstufung in die Kategorien I und II. Ende 1947 legten die Briten die Verantwortung für die Entnazifizierung weitgehend in deutsche Hände. Das NRW-Justizministerium berief einen Sonderbeauftragten, der die Arbeit der Ausschüsse überwachte.[29]

In der Öffentlichkeit stieß nicht nur der schleppende Verlauf der Entnazifizierung, sondern auch das von Collings gerügte Vorgehen der Entnazifizierungsausschüsse, zunächst die Masse der einfachen Fälle zu überprüfen und die komplizierten und zeitaufwändigen Verfahren zurückzustellen, zunehmend auf Kritik.[30] Das Kreistagsmitglied Karl Zell (FDP) griff das wachsende Unbehagen an der Entnazifizierung in der Kreistagssitzung am 30. März 1948 auf und forderte deren Ende, »da sie ein Spaltpilz im deutschen Volk zu drohen werde«. Seiner Meinung nach sollte »man die Kleinen laufen [lassen] und die Entnazifizierung auf die Aktiven und die wirklich Schuldigen beschränken«, die »auch die ganze Strenge des Gesetzes fühlen« müssten.[31] Georg Powitz (FDP) sprach im März 1948 im Stadtrat von Königswinter von einer »ungerechte[n] Eingruppierung verschiedener namhafter Bürger der Stadt«. Bürgermeister Dr. Peter

Liedgens (CDU) verglich das Entnazifizierungsverfahren mit einem »Femegericht« und forderte, dass die »Leute, die sich eines Vergehens schuldig gemacht hätten, […] durch ein ordentliches Gericht abgeurteilt werden müssten, andernfalls würde der Riss in der Bevölkerung immer noch tiefer«. Bei einer Stimmenthaltung beschloss der Stadtrat, gegen die augenblickliche Praxis der Entnazifizierung »auf das Schärfste zu protestieren«.[32]

Dass die Entnazifizierung ihren Zweck verfehlte, zeigt auch die Mandatsniederlegung des CDU-Kreistagsmitglieds Hermann Langen aus Schladern im April 1948. Langen, der als Mitglied des Hauptausschusses zur ersten Riege der Politiker im Siegkreis zählte, beklagte, dass ihm das NRW-Verkehrsministerium trotz seiner Tätigkeit als Kaufmann keine Zulassung für einen mit Holzgas betriebenen PKW erteilt habe und er dadurch so viel Zeit verliere, dass er seine Arbeit als Kreispolitiker aufgeben müsse. Ehemalige nationalsozialistische Aktivisten hätten sogar »Zulassungen für Benzin-Pkws« erhalten und würden seine »Bemühungen mitleidig belächeln«. Langen fügte noch hinzu, dass er in der NS-Zeit aufgrund seiner »politischen Einstellung starkem wirtschaftlichen Druck ausgesetzt« gewesen sei und der NSDAP-Ortsgruppenleiter ihn misshandelt habe.[33] Über die Begünstigung früherer Nationalsozialisten bei der Vergabe von Fahrerlaubnissen hatte bereits der Hennefer Gemeinderat im Mai 1946 »allgemein« geklagt. Der Gemeinderat fand es unverständlich, »dass sogenannten alten Kämpfern und aktiven Nazis Fahrzeuge freigegeben werden, während Nicht-Pgs und bescheidenen Handwerkern, bei denen auch ein dringender Notstand vorliegt, durch die Fahrbereitschaft nicht geholfen werde«.[34] Offenbar verfügten manche ehemalige NS-Funktionäre über die besseren Beziehungen, weil vermutlich ihre früheren Netzwerke noch bestanden.

Andererseits wurden frühere Parteiaktivisten zwangsweise insbesondere bei Straßenbau- und Enttrümmerungsarbeiten im Siegkreis eingesetzt. In Sieglar wurde Ende April 1945 ein Teil der früheren Parteifunktionäre und NSDAP-Aktivisten »unter Hausarrest gesetzt oder in Arbeiterkolonnen zwecks Aufräumungsarbeiten beschäftigt«.[35] In einer Dienstbesprechung der Bürgermeister im Juli 1945 teilte Landrat Clarenz mit, »dass von verschiedenen Seiten angeregt worden sei, die früheren Mitglieder der NSDAP, insbesondere die aktiven und überzeugten Nationalsozialisten, zur Pflichtarbeit an Straßenräumungs- und Instandsetzungsarbeiten heranzuziehen«. Clarenz schlug vor, die betreffenden Personen wöchentlich an zwei Nachmittagen zur Arbeit zu verpflichten.[36] Wenig später berichtete Clarenz, dass »inzwischen die meisten Bürgermeistereien dazu übergegangen [seien], die früheren Mitglieder der NSDAP zur Pflichtarbeit für Straßenbau- und Aufräumungsarbeiten heranzuziehen«. Die Beteiligung müsse »konsequent ohne Ansehen der Person erfolgen«. »Entschuldigungen könne man nur dann gelten lassen, wenn wirklich stichhaltige Gründe, bei Kranken die Vorlage eines amtsärztlichen Attestes, vorliegen«, stellte der Landrat klar.[37] Zu Pflichtarbeiten wurden »insbesondere […] Blockleiter, Zellenleiter, Ortsgruppenleiter und so weiter« herangezogen.[38]

Als die Stadt Siegburg im Sommer 1946 die Enttrümmerung »wegen Erschöpfung der

Der Herchener Gemeinderat debattierte im Februar 1946 über einen Antrag des SPD-Ortsvereins Herchen-Leuscheid, der u. a. eine »Belastung aller aktiven Nazis mit einer Sondersteuer« forderte. Sozialdemokratische und kommunistische Ratsmitglieder machten Vorschläge, wie der Antrag umgesetzt werden könne. Bei der Abstimmung votierte der Gemeinderat mit 17 gegen eine Stimme für diese Besteuerung und überwies den Antrag an den Finanzausschuss.[40] Über die weitere Erörterung des Antrags ist nichts bekannt. In einer Sitzung der Oberpleiser Amtsvertretung beantragten die Sozialdemokraten im August 1946, bei der Unterbringung von Flüchtlingen »zuerst die Parteigenossen« heranzuziehen. Die Amtsvertretung nahm den Antrag mit 20 Stimmen bei einer Enthaltung an.[41]

Mahnmal für die Siegburger Gefallenen und Versehrten des Zweiten Weltkriegs 1949. Die Zahlen auf dem Denkmal sind unrichtig bzw. zu niedrig, da in den Folgejahren weitere Todesschicksale von Soldaten als „gefallen" oder „in Gefangenschaft verstorben" hinzukamen.

Der Gemeinderat von Hennef befasste sich im Juli 1946 mit der Frage, ob nationalsozialistische Aktivisten, die sich 1938 an der Verwüstung des jüdischen Friedhofs im Ortsteil Geistingen beteiligt hatten, zu dessen Instandsetzung verpflichtet werden konnten. Der Kreistag hatte die Bitte geäußert, »die in der Zeit des Dritten Reichs verwüsteten jüdischen Friedhöfe wieder in Ordnung zu bringen«. Die Kosten für die Instandsetzung des jüdischen Friedhofs in Geistingen wurden auf 5.000 RM geschätzt. Das kommunistische Ratsmitglied Josef Schwarz beantragte, für die Wiederherstellung des Friedhofs sollten diejenigen aufkommen, die ihn verwüstet hätten; Gemeindemittel sollten nicht bereitgestellt werden. Die Gemeindeverwaltung hatte inzwischen, wie Gemeindedirektor Henze berichtete, herausgefunden, dass »unter Anführung des Sohns des früheren Zellenleiters B. Angehörige der Hitlerjugend die Verwüstung des Friedhofs vorgenommen hätten«. Henze schlug vor,

finanziellen Mittel« einstellte, rief sie die Bevölkerung zu »freiwillige[n] Spenden« auf, um die Aufräumarbeiten fortführen zu können. Auch forderte sie »die ehemaligen Parteigenossen« auf, »sich [...] an der Forträumung von Schutt, der noch auf den Bürgersteigen lagert und zu dessen Beseitigung Fachkräfte nicht notwendig sind, zu beteiligen«. Die früheren NSDAP-Mitglieder konnten sich dem Einsatz kaum entziehen. »Stadtvertretung und Stadtverwaltung erwarten«, hieß es in dem Aufruf, »dass alle ehemaligen Parteigenossen an dieser Aktion teilnehmen« und sich beim Stadtbauamt meldeten.[39]

»unter Verwendung des von den Nazis vertretenen Grundsatzes der Sippenhaftung den Vater des sich noch in russischer Kriegsgefangenschaft befindlichen ehemaligen Hitlerjugendführers B. zu den Instandsetzungsarbeiten heranzuziehen. Weiter schlug er vor, die an dem Synagogenbrand maßgeblich beteiligt gewesenen ehemaligen SA-Angehörigen Josef W., Peter N. und Wilhelm J. aus Hennef sowie Karl Sch. aus Niederkümpel ebenfalls zu diesen Arbeiten heranzuziehen, und zwar an den Samstagnachmittagen und sonntags, notfalls unter im Wege der Amtshilfe heranzuziehender polizeilicher Beaufsichtigung.«

Die in den 1860er-Jahren in Geistingen errichtete Synagoge hatten nationalsozialistische Aktivisten am 10. November 1938 in Brand gesetzt. Die Äußerung des Gemeindedirektors belegt eindrucksvoll, dass die lokale Öffentlichkeit in der frühen Nachkriegszeit offenbar genau wusste, wer sich vor Ort an nationalsozialistischen Schandtaten beteiligt hatte. Der Hennefer Gemeinderat war sich einig, die an der Schändung des jüdischen Friedhofs Beteiligten zur Rechenschaft zu ziehen. Das christdemokratische Ratsmitglied Friedrich Baldus empfahl zu prüfen, »ob das Vermögen der Beteiligten zum Ersatz des Sachschadens in Anspruch genommen werden könne«. Er schlug auch vor, »die in Betracht kommenden Personen zum Gemeindedirektor zwecks Anerkennung ihrer Wiedergutmachungspflicht zu bestellen und im Falle der Weigerung, die Strafverfolgung wegen Friedhofsschändung und Sachbeschädigung einzuleiten«. Der Gemeinderat stimmte sämtlichen Vorschlägen einstimmig zu.[42] Wann der 1886 in Geistingen eingerichtete jüdische Friedhof geschändet wurde, geht aus den Quellen und der Literatur nicht hervor.

»Sämtliche Grabsteine sind von Bubenhand umgestürzt worden und weisen zum Teil starke Beschädigungen auf«, hatte ein Hennefer Architekt bei einer Besichtigung im Januar 1944 festgestellt, als er für die Oberfinanzdirektion Köln, die die Grabsteine und Grabeinfassungen des jüdischen Friedhofs zugunsten der Reichskasse verkaufen wollte, begutachtete.[43] Aus einem Verzeichnis über die jüdischen Friedhöfe im Siegkreis von 1948 geht hervor, dass die »beschädigten Grabdenkmäler« in Geistingen »auf Veranlassung der Gemeinde [Hennef] wieder hergerichtet« wurden – nach Lage der Dinge offenbar von den vorhin erwähnten Friedhofs- und Synagogenschändern, die der Gemeinderat zur Instandsetzung aufgefordert hatte. Allerdings wurden die zerstörten Inschriftplatten nicht ersetzt, weil kein Marmor zur Verfügung stand. Auch kündigte die Gemeindeverwaltung 1948 an, sie könne wegen ihrer »angespannten Finanzlage« nach der Währungsreform ohne Zuschüsse nicht mehr die laufenden Kosten für die Unterhaltung und Instandsetzung des Friedhofs tragen.[44]

Auf Anweisung des Kölner Regierungspräsidenten erstellte der Siegkreis im November 1946 eine »Bilanz des Hitlerismus«, in der vieles ausgeblendet wurde. In dieser viel zu früh angeforderten »Bilanz« des Nationalsozialismus wurde beispielsweise weder nach den aus rassischen und politischen Gründen Verfolgten noch nach den Opfern der »Euthanasie« und den in der deutschen Kriegswirtschaft eingesetzten Zwangsarbeitern gefragt. In dürren Zahlen vermerkte die Aufstellung des Siegkreises, es gebe 4.962 gefallene Soldaten, 6.681 Kriegsbeschädigte, 2.144 Opfer des Bombenkriegs, 48 beschädigte und 6 zerstörte Kirchen sowie 10 inhaftierte oder in Konzentrationslager eingewiesene Geistliche. Außerdem hatte der Regierungspräsident nach Opfern der Kinderlandverschickung gefragt. Im Siegkreis gab es keine Kinder, die an der Kinderlandverschickung teilgenommen hatten und nicht zurückgekehrt waren.[45] Die Angaben zu den gefallenen Soldaten schlossen, wie aus der Aufstellung der Stadt Siegburg ersichtlich ist, umgekommene alliierte Soldaten ein, die als Kriegsgefangene im Siegkreis gewesen waren. Siegburg verzeichnete 615 gefallene Wehrmachtsangehörige und 132 gestorbene Kriegsgefangene aus den Armeen der Kriegsgegner. Die Statistik aus Siegburg zeigt überdies, dass in der Rubrik »Opfer des Bombenkriegs« neben der Zivilbevölkerung auch deutsche Soldaten, Ausländer (wahrscheinlich Zwangsarbeiter) und gefangene alliierte Soldaten aufgeführt wurden. Bei Luftangriffen und durch Artilleriebeschuss starben in Siegburg 406 Zivilpersonen, 48 deutsche Soldaten, 45 Ausländer und 3 gefangene alliierte Soldaten.[46]

Anmerkungen:

1 Zit. n. Benz: Potsdam S. 212f.
2 Warning: Amerikaner, S. 173ff.
3 Niederschr. BMDV 14.5.1945, in: ARSK SK 384, Bl. 3.
4 Schr. an LR 5.5.1945, in: ARSK LSK 3320, Bl. 61.
5 Schr. BM Sieglar an LR 28.4.1945, in: ebd., Bl. 39f.
6 Niederschr. BMDV 22.5.1945, in: ARSK SK 384, Bl. 4.
7 Niederschr. BMDV 28.5.1945, in: ebd., Bl. 5. Zu den Entlassungen bei der Kreissparkasse vgl. auch Hausmanns: Kreissparkasse, S. 4.
8 VB SK 1945, in: ARSK SK 59, Bl. 58ff.
9 ARSK Personalakte 90; Landkreistag NRW: Dokumentation, S. 586.
10 Niederschr. BMDV 28.5.1945, in: ARSK SK 384, Bl. 5.
11 Schr. Personalabt. Kreisverw. 26.1.1946, in: ARSK SK 59, Bl. 12.
12 Zit. n. Klein: Nationalsozialismus, S. 622.
13 Niederschr. BMDV 18.6.1945, in: ARSK SK 384, Bl. 14ff.
14 Niederschr. BMDV 2.7.1945, in: ebd., Bl. 18ff.
15 Niederschr. BMDV 9.7.1945, in: ebd., Bl. 24ff.
16 Niederschr. BMDV 16.7.1945, in: ebd., Bl. 31ff.
17 Schr. Personalabt. Kreisverw 26.1.1946, in: ARSK SK 59, Bl. 12; VB SK 1945, in: ebd., Bl. 58ff.
18 AA SK 26.7.1947.
19 AA SK 9.2.1946.
20 Niederschr. Sitzung AmtsV Oberpleis 13.2.1946, in: ARSK SK 184, Bl. 9ff.
21 Schr. OKD an Sonderbeauftragter für Entnazifizierung in NRW 31.5.1948, in: ARSK SK 2290, Bl. 88.
22 Niederschr. Sitzung AmtsV Lohmar 27.2.1946, n: ARSK SK 193, Bl. 1ff.
23 Niederschr. Sitzung GemV Lohmar 11.4.1946, in: ebd., Bl. 22ff.
24 ARSK SK 2187, Bl. 68.
25 ARSK SK 2170, Bl. 119.
26 Ebd., Bl. 121.
27 ARSK SK 1, Bl. 159.
28 Niederschr. BMDV 4.3.1946, in: ARSK SK 384, Bl. 81f.
29 Faust: Prinzipientreue.
30 Paul: Debatten, S. 70.
31 ARSK SK 65, Bl. 5ff.
32 Niederschr. Sitzung StV Königswinter 2.3.1948, in: ARSK SK 191, Bl. 31ff.
33 Brief an OKD 21.4.1948, in: ARSK SK 2184, Bl. 116.
34 Niederschr. Sitzung GemV Hennef 7.5.1946, in: ARSK SK 188, Bl. 24f.
35 Schr. BM an LR 28.4.1945, in: ARSK LSK 3320, Bl. 39f.
36 Niederschr. BMDV 30.7.1945, in: ARSK SK 384, Bl. 40.
37 Niederschr. BMDV 3.9.1945, in: ebd., Bl. 50ff.
38 Kölnischer Kurier 7.12.1945.
39 AA SK 27.7.1946.
40 Niederschr. Sitzung GemV Herchen 27.2.1946, in: ARSK SK 189, Bl. 2ff.

41 Niederschr. Sitzung AmtsV Oberpleis 27.8.1946, in: ARSK SK 184, Bl. 17ff.
42 Niederschr. Sitzung GemV Hennef 17.6.1946, in: ARSK SK 188, Bl. 32ff. Die dort aufgeführten Namen der Beteiligten wurden anonymisiert.
43 Zit. n. Rupprath: Jüdischer Friedhof in Hennef-Geistingen, S. 62; vgl. H. Fischer: Jüdische Gemeinde (Hennef-)Geistingen.
44 Schr. GemDir Hennef an OKD 25.11.1948, in: ARSK SK 88, Bl. 15.
45 Schr. OKD an RP 29.11.1946, in: ARSK SK 98, Bl. 24.
46 Schr. Stadtdirektor Siegburg an OKD 15.11.1946, in: ebd., Bl. 19.

Grabmal des SS-Scharführers Franz Müller // auf dem Nordfriedhof, um 1935 und heute // im Stadtmuseum, Abteilung NS-Zeit

ERGEBNISSE

Seit Ende 1944 machte sich der Zweite Weltkrieg im Siegkreis zunehmend bemerkbar. Die amerikanischen und britischen Luftangriffe wurden heftiger und verursachten immer größere und kaum noch behebbare Schäden an Wohngebäuden, Industrieanlagen und Verkehrseinrichtungen im Kreisgebiet. Spätestens mit dem Scheitern der Ardennen-Offensive der Wehrmacht Ende Dezember 1944 verlor die von der nationalsozialistischen Propaganda gebetsmühlenartig verbreitete Zuversicht auf einen deutschen »Endsieg« jede Wirkung in weiten Kreisen der Bevölkerung des Siegkreises. Am 7. März 1945 überquerten amerikanische Soldaten auf der unzerstörten Eisenbahnbrücke bei Remagen den Rhein und besetzten zwei Tage später Honnef als erste Gemeinde im Siegkreis. Unter heftigen Gefechten, bei denen zahlreiche Orte schwere Schäden erlitten, kämpften sie sich in den folgenden zwei Wochen bis zur Sieg vor. Dort kam die Front für rund 14 Tage zum Stillstand, weil die Amerikaner zunächst an einer großräumigen Einkesselung des Ruhrgebiets und einem raschen Vorstoß nach Mitteldeutschland interessiert waren. Angesichts der am Südufer der Sieg stehenden amerikanischen Truppen befahl Hitler die »totale Räumung« eines fünf Kilometer breiten Streifens auf der nördlichen Siegseite jenseits von Uckerath bis zur Mündung des Flusses in den Rhein. Nur wenige Tage später wurde der Plan wieder fallen gelassen. Die Evakuierung war an ihrer Undurchführbarkeit und am Widerstand der Bevölkerung gescheitert.

Am 9. und 10. April nahmen amerikanische Streitkräfte die Kreisstadt Siegburg ein, am 13. April war der gesamte Siegkreis besetzt. Damit war der Zweiten Weltkrieg für die Kreisbevölkerung rund vier Wochen vor der deutschen Kapitulation zu Ende. Schon am 23. April trafen sich auf Anordnung der Militärregierung die von ihr ernannten Bürgermeister des Siegkreises unter dem Vorsitz des Militärgouverneurs zu ihrer ersten Dienstversammlung. Am 21. Juni 1945 übergaben die Amerikaner die Militärregierung im Siegkreis an die Briten.

Zu den dringendsten öffentlichen Aufgaben unmittelbar nach Kriegsende gehörte die Instandsetzung von beschädigten Wohnungen und Verkehrswegen. Vor allem die Wiederinbetriebnahme der Haupteisenbahnlinie durch das Siegtal, wo deutsche Truppen auf ihrem Rückzug militärisch völlig sinnlos zwei Dutzend Eisenbahnbrücken gesprengt hatten, kostete viel Zeit und Arbeit.

Die schon in den letzten Kriegsmonaten zusehends kritischere Lebensmittelversorgung drohte nach dem Ende der Kampfhandlungen zusammenzubrechen. Deshalb wurden die Zuteilungen an die Bevölkerung anfangs stark gekürzt, im Spätsommer 1945 aber wieder erhöht, weil die britische Militärregierung große Mengen Getreide und Mehl aus dem Ausland in ihre Besatzungszone einführen ließ. Im Winter 1945/46 wurden in den größeren Orten des Siegkreises »Volksküchen« zur Verpflegung hungernder Menschen eingerichtet. Seit Februar 1946 erhielten alle Schulkinder in geschlossenen Ortschaften mit mehr als 5.000 Einwohnern eine tägliche Mahlzeit zusätzlich. Nach Ansicht der Kreisverwaltung und der Stadtverwaltung Siegburg reichte die Nahrungsmittelversorgung Anfang 1946 zum Überleben aus. Der Landrat wie auch der Siegburger Stadtdirektor kritisierten, dass weite Teile der Bevölkerung nicht begreifen wollten, dass Deutschland nach dem Zusammenbruch buchstäblich vor dem Nichts gestanden hatte und ohne die Unterstützung des Auslandes eine Hungerkatastrophe eingetreten wäre.

Schlechte Ernten lösten 1946/47 eine weltweite Nahrungsmittelknappheit aus und führten auch im Siegkreis unweigerlich zu einer Ernährungskrise und drastisch gekürzten Lebensmittelrationen. Die existenzielle Not vieler Menschen im Kreisgebiet wurde noch dadurch verschärft, dass nicht wenige Landwirte sich unsolidarisch gegenüber der hungernden Bevölkerung in den Städten und Industriegemeinden verhielten und ihre Erzeugnisse lieber gewinnbringend auf dem Schwarzmarkt verkauften, anstatt sie zu den behördlich festgesetzten Preisen abzuliefern. Erst die Währungsreform und die Hilfe aus dem Marshallplan führten dazu, dass für die meisten Einwohner des Siegkreises im Laufe des Jahres 1948 die Zeit der bittersten Not zu Ende ging.

Die Versorgung der Bevölkerung mit Brennstoffen konnte im ersten vergleichsweise milden Nachkriegswinter noch einigermaßen gesichert werden. Die knappen Kohlelieferungen wurden durch Brennholz aus den Wäldern des Siegkreises aufgestockt. Aufgrund einer europaweiten Krise in der Kohleversorgung erhielt die Kreisbevölkerung im Winter 1946/47 überhaupt keine Kohle mehr. Die Hausbrandversorgung erfolgte ausschließlich durch Holz aus den heimischen Waldbeständen. Zwar stand das Brennholz rechnerisch zur Verfügung, doch fehlte es an Arbeitskräften, Kraftstoff und anderem mehr, um die festgesetzte Menge tatsächlich einzuschlagen und zu den Verbrauchern zu transportieren. Diesbezügliche Einwände ließ die Militärregierung aber nicht gelten. Angesichts einer freilich nicht vorauszusehenden lang andauernden Frostperiode mit eisigen Temperaturen erwies sich die Brennstoffversorgung im Siegkreis im zweiten Nachkriegswinter als völlig unzureichend. Die Wiederaufnahme der Kohlezuteilungen und die milde Witterung sorgten im Winter 1947/48 für eine Entspannung bei der Hausbrandversorgung.

In der Schlussphase des Zweiten Weltkriegs hielten sich im Siegkreis, in dem vor Kriegsbeginn 154.000 Einwohner gelebt hatten, rund 80.000 Evakuierte und Ausgebombte aus dem linksrheinischen Gebiet und den zerstörten Großstädten im Rheinland auf. In den ersten Nachkriegsmonaten verließen viele der aus den ländlichen Gebieten westlich des Rheins in den Siegkreis geflüchteten Menschen das Kreisgebiet wieder. Im Sommer 1945 kündigte der britische Militärgouverneur an, der Siegkreis werde noch weitere obdachlose Kölner Einwohner und sogenannte »Rheinlandrückkehrer« aufnehmen müssen. Ende 1945 richtete die Kreisverwaltung auf dem Gelände der Klöckner-Werke in Troisdorf ein großes Aufnahme- und Durchgangslager ein.

Spätestens im März 1946 stand fest, dass der Siegkreis auch viele Vertriebene aus dem Osten aufnehmen musste. Die Bevölkerung wurde durch Bekanntmachungen, Zeitungsberichte und die Ortsgeistlichen auf die Ankunft der Flüchtlinge aus dem Osten vorbereitet und zur Hilfe aufgerufen. Schon im Laufe des Jahres 1946 wuchs im Kreisgebiet unter Hinweis auf die Wohnungsnot die Abneigung gegen die anhaltende Zuweisung weiterer Vertriebener. Die Bestrebungen einzelner Gemeinden, den weiteren Flüchtlingszustrom abzuwehren, blieben erfolglos. Ende 1948 betrug der Anteil der Flüchtlinge und Evakuierten an der Kreisbevölkerung rund 13%. Auch in der folgenden Zeit kamen, wenn auch nicht mehr im bisherigen Umfang, weitere Flüchtlinge in den Siegkreis.

In der NS-Zeit wurden nach den Angaben eines vom Bundesarchiv herausgegebenen Gedenkbuchs über die jüdischen Opfer der nationalsozialistischen Gewaltherrschaft 308 Juden aus dem Siegkreis in Ghettos und Vernichtungslager nach Osteuropa deportiert. Wie viele von ihnen ermordet wurden, lässt sich nicht mehr ermitteln. Nach Kriegsende wohnten im Kreisgebiet nur sehr wenige Juden. Kaum Mitgefühl wurde Juden entgegengebracht, die sich 1946 als Flüchtlinge vorübergehend im Durchgangslager Troisdorf und in einem Lager in Herchen aufhielten. Befremdlich wirkte auch der gescheiterte Versuch des Finanzausschusses des Kreistags, die Kosten zur Errichtung eines jüdischen Betsaals in Siegburg, wo die Synagoge dem Novemberpogrom von 1938 zum Opfer gefallen war, nur vorzufinanzieren und sie mit dem Ertrag einer bei früheren NSDAP-Mitgliedern zu veranstaltenden Geldsammlung zu verrechnen. Dadurch hätte der fatale Eindruck entstehen können, dass sich der Kreis für die Wiedererrichtung einer von den Nationalsozialisten zerstörten jüdischen Einrichtung nicht verantwortlich fühlte.

Wie überall in Deutschland wurden auch im Siegkreis während des Zweiten Weltkriegs viele ausländische Zwangsarbeiter und Kriegsgefangene in der Industrie und Landwirtschaft eingesetzt. Kurz nach der Besetzung des Siegkreises errichtete die amerikanische Militärregierung in einer Kaserne in Porz-Wahn ein großes Durchgangslager für ehemalige Zwangsarbeiter, für deren Verpflegung der Siegkreis verantwortlich war. In Oberkassel und Neunkirchen entstanden zwei kleinere Lager für frühere Fremdarbeiter. Ein Teil der sich im Siegkreis in den Wirren der letzten Kriegsmonate und am Anfang der Besatzungszeit häufenden Überfälle und Diebstähle ging auf das Konto der Zwangsarbeiter. Derartige Delikte wurden aber auch von Deutschen begangen. Die Militärregierung bemühte sich von Anfang an, die öffentliche Sicherheit wiederherzustellen und ging rigoros gegen marodierende frühere Zwangsarbeiter vor. Mit der im Herbst 1945 in großem Stil einsetzenden Rückführung ehemaliger osteuropäischer Zwangsarbeiter in ihre Heimatländer ließen die Raubüberfälle im Kreisgebiet zwar nach, doch gab es angesichts der krisenhaften Ernährungslage auch in der folgenden Zeit in den ländlichen Bezirken des Siegkreises viele Einbrüche und Felddiebstähle, die nicht nur von hungernden Menschen, sondern auch von gewerbsmäßig organisierten Banden verübt wurden.

Bei der Bekämpfung der Kriminalität wie überhaupt bei der Wiederherstellung der öffentlichen Sicherheit und Ordnung setzte die Militärregierung deutsche Polizisten ein, die genauso wie die übrige Kreis- und Kommunalverwaltung ihrer Aufsicht unterstanden. Der Wiederaufbau der Polizei war schwierig, weil die Ordnungs- und Kriminalpolizei eng mit dem nationalsozialistischen Terrorsystem verzahnt gewesen war. Im Siegkreis war bei Kriegsende keiner der im Dienst befindlichen Polizisten politisch unbelastet. Alle waren NSDAP-Mitglieder gewesen. Bei rund einem Drittel handelte es sich um Parteiaktivisten, die auf Anordnung der Militärregierung aus dem Polizeidienst entlassen und zunächst durch Hilfspolizisten ersetzt wurden. Die Hilfspolizisten hatten zwar eine einwandfreie politische Vergangenheit, besaßen aber keine Berufserfahrung und erwiesen sich bei der Bekämpfung der Nachkriegskriminalität als ungeeignet. Deshalb wurden sie seit Herbst 1945 größtenteils wieder durch inzwischen aus der Kriegsgefangenschaft zurückgekehrte oder neu ausgebildete Polizisten ersetzt.

Großen Wert legte die Militärregierung auf die baldige Wiederaufnahme des Schulunterrichts, der im Herbst 1944 und Anfang 1945 im Siegkreis wegen der zunehmenden Luftangriffe eingestellt worden war. Am 11. September 1945 begann an rund der Hälfte der Volksschulen im Kreisgebiet zunächst für die Schüler der unteren vier Klassen wieder der Unterricht. Die Wiedereröffnung sämtlicher Schulen zog sich bis in das Jahr 1946 hin. Der anfängliche Lehrermangel, der durch die Entlassung belasteter, noch in Kriegsgefangenschaft befindlicher und gefallener Lehrer entstanden war, konnte bald durch Wiedereinstellung entnazifizierter und Ausbildung neuer Lehrer bzw. Schulhelfer weitgehend behoben werden.

Nach dem Sturz der nationalsozialistischen Diktatur begannen die drei westlichen Militärregierungen zunächst auf Gemeinde- und Kreisebene mit dem Wiederaufbau der Demokratie. Am 31. Januar 1946 trat der von der Militärregierung ernannte Kreistag zu seiner ersten Sitzung zusammen. In den folgenden Tagen und Wochen wiederholte sich dieser Vorgang in den Gemeinden und Gemeindeverbänden (Ämtern).

Am 15. September 1946 fanden in den Gemeinden und Ämtern der britischen Zone die ersten Nachkriegswahlen statt. Im Siegkreis beteiligten sich rund drei Viertel der Wahlberechtigten an den ersten Kommunalwahlen. In den amtsfreien und amtsangehörigen Gemeinden erhielten die CDU 41,9% und das Zentrum 27,8%, die SPD nur 19,0% der abgegebenen Stimmen. In den Ämtern des Siegkreises lag das Zentrum mit 35,0% vor der CDU mit 31,9%.

Bei der ersten Kreistagswahl am 13. Oktober 1946, an der sich knapp zwei Drittel der Wahlberechtigten beteiligte, erreichte die CDU 42,8%, das Zentrum 27,5%, die SPD 17,0% und die FDP 8,3% der Stimmen. Das am britischen Mehrheitswahlrecht ausgerichtete Wahlrecht begünstigte die Christdemokraten als stärkste Fraktion. Sie erhielten zwei Drittel der 48 Kreistagssitze. Bei den zweiten Kreistags- und Kommunalwahlen am 17. Oktober 1948 galt erstmals ein vom NRW-Landtag festgelegtes Verhältniswahlrecht mit einer Sperrklausel von fünf Prozent. Die CDU bekam mit 30,1% nur wenig mehr Stimmen als das Zentrum mit 28,1%. Auch die SPD lag mit 25,2% nicht weit dahinter. Bei der Wahl eines neuen Landrats kam es 1948 im Kreistag zu einer Kampfabstimmung, die der CDU-Kandidat Peter Etzenbach für sich entschied. Bei den Wahlen zu den Gemeinde- und Amtsvertretungen im Jahre 1948 lagen Zentrum und CDU in den amtsfreien und amtsangehörigen Gemeinden des Siegkreises mit

29,5% und 29,4% der Stimmen nahezu gleichauf. In den Ämtern stimmten 34,2% der Wähler für das Zentrum und nur 28,0% für die CDU.

Die von der Besatzungsmacht im Detail vorgegebenen Etappen beim Wiederaufbau demokratischer Strukturen und der kommunalen Selbstverwaltung im Siegkreis wurden nach dem Zusammenbruch der NS-Herrschaft nicht zuletzt dank der Kontrolle der Militärregierung erstaunlich reibungslos zurückgelegt, wenngleich insbesondere die Frage des Umgangs mit früheren Nationalsozialisten wiederholt für Kontroversen sorgte. Verschiedentlich wurde auch offen Kritik an den Maßnahmen der Militärregierung geübt, weil diese nicht genügend Kohlen und Lebensmittel heranschaffte, wobei geflissentlich übersehen wurde, dass es die wahnwitzigen Nationalsozialisten gewesen waren, die die Lebensgrundlagen nicht nur der überfallenen Länder, sondern zuletzt sogar der deutschen Bevölkerung aufs Spiel gesetzt hatten. Keine zwei Jahre nach dem Ende der NS-Diktatur hielten staatliche Stellen schon den Zeitpunkt für gekommen, auf kommunaler Ebene eine »Bilanz des Hitlerismus« ziehen zu lassen, in der – wie auch die damaligen politischen Debatten und Dienstbesprechungen im Siegkreis zeigen – überhaupt noch kein Bewusstsein für die ungeheuerlichen Verbrechen vorhanden war, die von Deutschen im Zweiten Weltkrieg an den Juden und der Bevölkerung in Osteuropa begangen worden waren.

Festmesse in der zerstörten Abteikirche anlässlich der 1400-Jahrfeier des hl. Benedikt, 1949

ANHANG

ABKÜRZUNGEN

AA SK	Der Siegkreis. Verordnungen und Mitteilungen der Behörden im Siegkreis. Amtlicher Anzeiger
Abt.	Abteilung
AmtsBM	Amtsbürgermeister
AmtsV	Amtsvertretung
ARSK	Archiv des Rhein-Sieg-Kreises
BM	Bürgermeister
BMDV	Bürgermeister-Dienstversammlung
CDU	Christlich-Demokratische Union
DPD	Demokratische Partei Deutschlands
FDP	Freie Demokratische Partei
GemDir	Gemeindedirektor
GemV	Gemeindevertretung
Gestapo	Geheime Staatspolizei
KPD	Kommunistische Partei Deutschlands
Kreisverw.	Kreisverwaltung
LR	Landrat
LSK	Landratsamt Siegkreis
OKD	Oberkreisdirektor
MR	Militärregierung
Niederschr.	Niederschrift
NRW	Nordrhein-Westfalen
NSDAP	Nationalsozialistische Deutsche Arbeiterpartei
Pg	Parteigenosse (Mitglied der NSDAP)
RM	Reichsmark
RP	Regierungspräsident
SA	Sturmabteilung
Schr.	Schreiben
SK	Siegkreis
Slg	Sammlung
SPD	Sozialdemokratische Partei Deutschlands
SS	Schutzstaffel
StA Sbg	Stadtarchiv Siegburg
StA Tro	Stadtarchiv Troisdorf
StV	Stadtvertretung
VB	Verwaltungsbericht
Zit. n.	Zitiert nach

QUELLEN- UND LITERATURVERZEICHNIS

BENUTZTE ARCHIVE

Archiv des Rhein-Sieg-Kreises
– Siegkreis 1, 2, 4, 5, 6, 7, 59, 65, 88, 98, 128, 183, 184, 186, 187, 188, 189, 190, 191, 193, 194, 203, 204, 205, 206, 207, 208, 209, 325, 384, 569, 579, 580, 583, 2170, 2184, 2187, 2188, 2290, 4724, 7121
– Landratsamt Siegkreis 547, 718, 1777, 3317, 3318, 3319, 3320, 3322
– Nachlass 15, Nr. 25
– Personalakte Nr. 90
– Der Siegkreis. Verordnungen und Mitteilungen der Behörden im Siegkreis. Amtlicher Anzeiger 1946–1949
– Kölnischer Kurier 1945/46

Stadtarchiv Siegburg
– Sammlung Kriegschronik I A–1, I A–6, I A–7, XI
– Bildersammlung

Stadtarchiv Troisdorf
- A 1118

Landesarchiv Nordrhein-Westfalen, Abteilung Rheinland, Standort Düsseldorf
– RW 181–69

Landtag Nordrhein-Westfalen
– Drucksachen, 1. Wahlperiode, Nr. 50 u. 61.
– Plenarprotokolle, 1. Wahlperiode, 2., 8., 25. u. 37. Sitzung

AUFSÄTZE UND MONOGRAPHIEN

Ackermann, Volker: Brutstätten des Nihilismus? – Flüchtlingslager, in: Christian Reinicke und Horst Romeyk (Red.): Nordrhein-Westfalen. Ein Land in seiner Geschichte. Aspekte und Konturen 1946–1996, Münster 1996, S. 128–142.

Aders, Gebhard: Die Einnahme Bonns durch amerikanische Truppen am 8. März 1945, in: Bonner Geschichtsblätter, Bd. 42 (1992), S. 591–606.

Albertin, Lothar: Freie Demokratische Partei, in: Anselm Faust (Red.): Nordrhein-Westfalen. Landesgeschichte im Lexikon, Düsseldorf 1993, S. 134–137.

Benz, Wolfgang: Potsdam 1945. Besatzungsherrschaft und Neuaufbau im Vier-Zonen-Deutschland, München 1986.

–: Auftrag Demokratie. Die Gründungsgeschichte der Bundesrepublik und die Entstehung der DDR 1945–1949, Bonn 2010.

Böger, Bernhard/Korte-Böger, Andrea: Die Siegburger Synagoge im Stadtbild, in: Heimatblätter des Rhein-Sieg-Kreises, 76. Jg. (2008), S. 96–109.

Böll, Heinrich: Briefe an meine Söhne oder: Vier Fahrräder, in: Die Zeit Geschichte: Die Stunde Null. 8. Mai 1945, Teil 2: Lehren aus der Katastrophe, April 2005, S. 6–22.

Brenner, Michael: Nach dem Holocaust. Juden in Deutschland 1945–1950, München 1995.

Brüll, Christoph: Besatzungsjahre am Rhein. Die belgischen Streitkräfte im Köln-Bonner Raum 1945–1950, in: Geschichte in Köln. Zeitschrift Stadt- und Regionalgeschichte, Bd. 58 (2011), S. 181–210.

Brunn, Gerhard/Reulecke, Jürgen: Kleine Geschichte von Nordrhein-Westfalen 1946–1996, Köln 1996.

Buchheim, Christoph: Der Mythos vom »Wohlleben«. Der Lebensstandard der deutschen Zivilbevölkerung im Zweiten Weltkrieg, in: Vierteljahrshefte für Zeitgeschichte, 58. Jg. (2010), Heft 3, S. 299–328.

Bührer, Werner: Schwarzer Markt, in: Wolfgang Benz, Hermann Graml und Hermann Weiß (Hg.): Enzyklopädie des Nationalsozialismus, 4. Aufl. München 2001, S. 722.

Doepgen, Heinz: Geschichte des Kreisgebietes von der karolingischen Zeit bis zum Ende des Zweiten Weltkrieges, in: Paul Kieras (Hg.): Der Rhein-Sieg-Kreis, Stuttgart 1983, S. 78–129.

Dohms, Peter: Christlich-Demokratische Union, in: Anselm Faust (Red.): Nordrhein-Westfalen. Landesgeschichte im Lexikon, Düsseldorf 1993, S. 81–85.

–: »Ein soweit wie möglich normales Bild im deutschen Pressewesen schaffen« – Die Lizenzpresse, in: Christian Reinicke und Horst Romeyk (Red.): Nordrhein-Westfalen. Ein Land in seiner Geschichte, Münster 1996, S. 108–114.

Ersfeld, Josef: Eitorfer Kriegschronik, Eitorf 1950.

Evans, Richard J.: Das Dritte Reich, Bd. II/1 u. 2: Diktatur und Bd. III: Krieg, München 2010.

Faust, Anselm: Zwischen moralischer Prinzipientreue und pragmatischen Kompromissen – Die Entnazifizierung, in: Christian Reinicke und Horst Romeyk (Red.): Nordrhein-Westfalen. Ein Land in seiner Geschichte, Münster 1996, S. 43–47.

Fischer, Gert: Die Vierziger Jahre. Der Siegburger Raum zwischen Kriegsausbruch und Währungsreform. Begleitbuch und Katalog zur Ausstellung des Stadtmuseums Siegburg im Torhausmuseum des Siegwerks, Siegburg 1988.

Fischer, Helmut: Die jüdische Gemeinde (Hennef-)Geistingen, in: Heinrich Linn: Juden an Rhein und Sieg. Ausstellung des Archivs des Rhein-Sieg-Kreises, Siegburg 1983, S. 286–302.

–: Das Kriegsende an der Sieg. Das Tagebuch der Leonie Wallenstein von März bis April 1945, in: Heimatblätter des Rhein-Sieg-Kreises, 58. Jg. (1990), S. 146–158.

Först, Walter: Kleine Geschichte Nordrhein-Westfalens, Düsseldorf 1986.

Gedenkbuch. Opfer der Verfolgung der Juden unter der nationalsozialistischen Gewaltherrschaft in Deutschland 1933–1945, hrsg. vom Bundesarchiv 2007. Online-Ausgabe unter www.bundesarchiv.de/gedenkbuch (Stand 15.10.2009).

Geimer, Maria(†), /Korte-Böger, Andrea: Siegburg im Jahre 1945. Der Jahresbericht aus dem Stadtarchiv, in: Heimatblätter des Rhein-Sieg-Kreises, 73. Jg. (2005), S. 225–246.

Grundmann, Horst: Britische Besatzungspolitik in Troisdorf, in: Troisdorfer Jahreshefte, Bd. 17 (1987), S. 72–80.

Hausmanns, Barbara: Als der Taler zu rollen begann. Die Geschichte der Kreissparkasse im Rhein-Sieg-Kreis, Siegburg 2006.

Henke, Klaus-Dietmar: Die amerikanische Besetzung Deutschlands, München 1995.

Herbert, Ulrich: Geschichte der Ausländerpolitik in Deutschland. Saisonarbeiter, Zwangsarbeiter, Gastarbeiter, Flüchtlinge, Bonn 2003.

Kershaw, Ian: Das Ende. Kampf bis in den Untergang. NS-Deutschland 1944/45, München 2011.

Klefisch, Peter: »Manchmal ist aber auch rein nichts mehr an Nahrungsmitteln im Hause« – Die Ernährungslage, in: Christian Reinicke und Horst Romeyk (Red.): Nordrhein-Westfalen. Ein Land in seiner Geschichte, Münster 1996, S. 128–132.

Klein, Ansgar Sebastian: Aufstieg und Herrschaft des Nationalsozialismus im Siebengebirge, Essen 2008.

Königseder, Angelika/Wetzel, Juliane: Lebensmut im Wartesaal. Die jüdischen DPs (Displaced Persons) im Nachkriegsdeutschland, Frankfurt am Main 1994.

Korte, Andrea: Die Ernährungslage der Siegburger Bevölkerung nach dem Zweiten Weltkrieg bis zur Währungsreform, in: Gert Fischer: Die Vierziger Jahre. Der Siegburger Raum zwischen Kriegsausbruch und Währungsreform, Siegburg 1988, S. 43–61.

Korte-Böger, Andrea: Bomben auf Siegburg, Siegburg 2004.

Kossert, Andreas: Kalte Heimat. Die Geschichte der deutschen Vertriebenen nach 1945, Bonn 2008.

Krabbe, Wolfgang R.: Die deutsche Stadt im 19. und 20. Jahrhundert. Eine Einführung, Göttingen 1989.

–: Kommunale Selbstverwaltung, in: Anselm Faust (Red.): Nordrhein-Westfalen. Landesgeschichte im Lexikon, Düsseldorf 1993, S. 222–226.

Landkreistag Nordrhein-Westfalen (Hg.): Dokumentation über die Landräte und Oberkreisdirektoren in Nordrhein-Westfalen 1945–1991, Düsseldorf 1992.

Linn, Heinrich: Der Untergang der jüdischen Gemeinde Siegburg, in: Gert Fischer: Die Vierziger Jahre. Der Siegburger Raum zwischen Kriegsausbruch und Währungsreform, Siegburg 1988, S. 24–33.

–: Aufnahme der Flüchtlinge und Eingliederung der Vertriebenen im Gebiet des heutigen Rhein-Sieg-Kreises, in: Heimatblätter des Rhein-Sieg-Kreises, 56. Jg. (1988), S. 176–184.

Milward, Alan S.: The reconstruction of Western Europe 1945–1951, Berkeley/Los Angeles 1984.

Moll, Martin (Hg.): »Führer-Erlasse« 1939–1945. Edition sämtlicher überlieferter, nicht im Reichsgesetzblatt abgedruckter, von Hitler während des Zweiten Weltkriegs schriftlich erteilter Direktiven aus den Bereichen Staat, Partei, Wirtschaft, Besatzungspolitik und Militärverwaltung, Stuttgart 1997.

Müller, Helmut: Leben in unwürdigen Verhältnissen – Wohnungsnot, in: Christian Reinicke und Horst Romeyk (Red.): Nordrhein-Westfalen. Ein Land in seiner Geschichte, Münster 1996, S. 218–222.

Ossendorf, Karlheinz: Im Bombenhagel starb das alte Troisdorf, in: Troisdorfer Jahreshefte, Bd. 22 (1992), S. 25–44.

–: Amis zogen dem Igel die Stacheln, in: Troisdorfer Jahreshefte, Bd. 25 (1995), S. 3–19.

Paul, Johann: Die Belastung der Umwelt durch die frühere Zellwollfabrik in Siegburg, in: Heimatblätter des Rhein-Sieg-Kreises, 80. Jg. (2012)

–: Politische Kundgebungen im Siebengebirge während der Besetzung der Kölner Rheinlandzone (1918–1926), in: Heimatblätter des Rhein-Sieg-Kreises, 64./65. Jg. (1996/1997), S. 219–239.

–: 50 Jahre Landesverfassung Nordrhein-Westfalen, Düsseldorf 2000.

–: Debatten über Nationalsozialismus und Rechtsextremismus im Landtag Nordrhein-Westfalen von 1946 bis 2000, Düsseldorf 2003.

–: Die nationalsozialistische Versammlungstätigkeit im Siegkreis vor 1933, in: Heimatblätter des Rhein-Sieg-Kreises, 77. Jg. (2009), S. 60–85.

–: »Wo elf Männer sitzen ...« Elisabeth Vurthmann und die Oberpleiser Kommunalpolitik in der frühen Nachkriegszeit, in: Heimatblätter des Rhein-Sieg-Kreises, 78. Jg. (2010), S. 184–195.

–: Die Lage der Evakuierten, Flüchtlinge und Vertriebenen im Siegkreis während der frühen Nachkriegszeit, in: Geschichte in Köln. Zeitschrift für Stadt- und Regionalgeschichte, Bd. 58 (2011), S. 157–180.

Rehm, Gerhard (Bearb.): Der Landkreis Kempen-Krefeld in der Nachkriegszeit. Die monatlichen Berichte des Oberkreisdirektors an die Militärregierung (September 1945–Juli 1948), Viersen 2008.

Rieger, Klaus: Das Durchgangslager Wipperfürth. Folge 1: Von 1946 bis 1952, in: Wipperfürther Vierteljahresblätter Nr. 107 (Januar–März 2008), S. 2–6.

–: Das Durchgangslager Wipperfürth. Folge 2: Aus dem Verwaltungsbericht des Wipperfürther Stadtdirektors Wilhelm Kaupen für die Jahre 1945 bis 1951, in: Wipperfürther Vierteljahresblätter Nr. 108 (April–Juni 2008), S. 2–6.

Roggendorf, Hermann Joseph: Über die letzten Monate des Zweiten Weltkrieges in Siegburg, in: Heimatblätter des Rhein-Sieg-Kreises, 73.–75. Jg. (1975–1977), S. 137–143.

Romeyk, Horst: Die leitenden staatlichen und kommunalen Verwaltungsbeamten der Rheinprovinz 1816–1945, Düsseldorf 1994.

Rupprath, Gisela: Der jüdische Friedhof in Hennef-Geistingen, in: dieselbe (Hg.): Bet Olam – Haus der Ewigkeit. Der jüdische Friedhof in Hennef-Geistingen, Siegburg 2006, S. 60–68.

Rytlewski, Ralf/Opp de Hipt, Manfred: Die Bundesrepublik Deutschland in Zahlen 1945/49–1980. Ein sozialgeschichtliches Arbeitsbuch, München 1987.

Schleidgen, Wolf-Rüdiger: Britische Besatzungszone, in: Anselm Faust (Red.): Nordrhein-Westfalen. Landesgeschichte im Lexikon, Düsseldorf 1993, S. 75–79.

Schumacher, Martin: M.d.B. Volksvertretung im Wiederaufbau 1946–1961. Bundestagskandidaten und Mitglieder der westzonalen Vorparlamente. Eine biographische Dokumentation, Düsseldorf 2000.

Scriverius, Dieter: Demontage, in: Anselm Faust: Nordrhein-Westfalen. Landesgeschichte im Lexikon, Düsseldorf 1993, S. 86f.

Steininger, Rolf: Ein neues Land an Rhein und Ruhr. Die Ruhrfrage 1945/46 und die Entstehung Nordrhein-Westfalens, Köln 1990.

Thomas, Karl: Wiedergutmachung im früheren Siegkreis, in: Heinrich Linn: Juden an Rhein und Sieg. Ausstellung des Archivs des Rhein-Sieg-Kreises, Siegburg 1983, S. 398–401.

Tiemann, Jan: »Unbekannt verzogen«. Deportation und Emigration der Juden aus Siegburg 1933–1942, Siegburg 2009.

Tooze, Adam: Ökonomie der Zerstörung. Die Geschichte der Wirtschaft im Nationalsozialismus, Bonn 2007.

Vierhaus, Rudolf/Herbst, Ludolf (Hg.): Biographisches Handbuch der Mitglieder des Deutschen Bundestages 1949–2002. Bd. 1, München 2002.

Vogt, Helmut: Die Wirtschaftsregion Bonn/Rhein-Sieg im Industriezeitalter, Bonn 1991.

–: Das Bild der »Katastrophengesellschaft« in den Berichten des Bonner Oberkreisdirektors an die Militärregierung 1946–1949, in: Bonner Geschichtsblätter, Bd. 42 (1992), S. 623–647.

Warning, Hans: Amerikaner setzten die Verwaltung wieder ein. Die Militärregierung führte auf den Weg der Demokratie, in: Heimatblätter des Rhein-Sieg-Kreises, 76. Jg. (2008), S. 168–197.

Zündorf, Irmgard: Preis der Marktwirtschaft. Staatliche Preispolitik und Lebensstandard in Westdeutschland 1948 bis 1963, Stuttgart 2006.

ORTSREGISTER

Die im Text vorkommenden Orte sind den heutigen Gemeinden und Städten zugeordnet.

Aachen 8, 48
Adenau 86

Bad Honnef 10, 22, 26-28, 32, 36, 41, 43, 46, 53f., 56, 78, 86-91, 110
- Aedigienberg 40
Bergisch Gladbach 31
Bernkastel 86
Betzdorf 21
Bonn 22, 44, 61, 101
- Holzlar 87
- Oberkassel 16, 43, 67, 78, 82, 84, 88-91, 110
Breslau 53
Brühl 30

Celle 62

Düren 29, 48, 101
Düsseldorf 22

Eitorf 8, 10-12, 20, 37, 41, 52, 70, 78, 84, 86, 88, 90-92, 95
Essen 56

Halle 48
Hamburg 38
Hennef 10, 34, 54, 64, 71, 78, 83, 85f., 89, 91, 94, 96, 105-107
- Altenbödingen 73, 87
- Bödingen 73
- Geistingen 106f.
- Happerschoß 73, 87
- Lauthausen 11, 52, 71, 73, 87, 91
- Uckerath 10, 12, 24, 40f., 48, 54, 80, 82, 88, 90f., 110

Hohne-Belsen 62

Jalta 32
Jülich 48

Kielce 62
Köln 16, 20-22, 30f., 37f., 44, 48f., 51-54, 56, 73, 81, 84, 86, 101, 107
- Deutz 51
- Porz-Wahn 67, 70, 112
- Porz- Zündorf 22
Königswinter 14, 22, 26, 41, 43, 52, 54, 78, 86-91, 96, 100, 104
- Eudenbach 12
- Heisterbacherrott 79
- Ittenbach 40, 55, 87
- Oberpleis 36, 52, 82, 85f., 88-91, 101, 103, 106
- Stieldorf 87

Lahnstein
- Niederlahnstein 20
Lippstadt 86
Lohmar 11, 34, 40, 48, 50f., 64, 70f., 73, 78, 81f., 85, 89, 91, 103
- Breidt 87
- Halberg 87
- Inger 87
- Neunhonrath 80
- Scheiderhöhe 71, 73, 87
- Wahlscheid 11, 22, 70, 81f., 87, 90f.

Marburg 51
Merseburg 48
Much 10, 12, 48f., 67, 78, 80, 88, 91
- Marienfeld 48

Neunkirchen-Seelscheid
- Neunkirchen 67, 78, 87f., 91, 110
- Seelscheid 87

122

Niederkassel 9, 21, 52, 64, 88, 91
- Mondorf 52, 87
- Stockem 79, 87
- Uckendorf 79, 87

Oberhausen 21
Overath 21

Potsdam 32, 100

Remagen 10, 110
Ruppichteroth 61, 79, 83, 88, 91
- Winterscheid 79, 87

Sankt Augustin
- Hangelar 41, 67
- Menden 26, 29, 35, 48, 55, 62, 83, 87f., 91
- (Siegburg-)Mülldorf 20
Schleiden 48
Siegburg 8f., 11f., 15, 21f., 24-30, 33f., 36f., 40-45, 48, 54, 60-62, 66f., 71, 76, 78, 80, 82, 84, 87, 89-91, 94, 95-97, 105, 108, 110-112
- Braschoß 71, 73
Siegen 10, 51

Troisdorf 8, 11, 20-22, 26, 33f., 38, 41-43, 50f., 53, 62f., 67, 78, 82f., 87f., 90f., 95-97, 111
- Aggerdeich 10
- Altenrath 71, 91
- Friedrich-Wilhelms-Hütte 11
- Oberlar 96
- Sieglar 11, 17, 28f., 43, 64, 70, 78, 88, 90f., 100, 105

Wiesbaden 21
Windeck
- Dattenfeld 64, 83, 91
- Herchen 11, 21, 63f., 78f., 83, 90f., 106, 112
- Kocherscheid 78
- Leuscheid 78, 106
- Rosbach 11, 40f., 87
- Schladern 86, 105
- Schneppe 78

Wipperfürth 50
Wuppertal 22